ESSAI HISTORIQUE

SUR LES

CHAMBRES HAUTES

FRANÇAISES ET ÉTRANGÈRES.

ESSAI HISTORIQUE

SUR LES

CHAMBRES HAUTES

FRANÇAISES & ÉTRANGÈRES

PAR

Charles GOMEL,

AUDITEUR DE 1re CLASSE AU CONSEIL D'ÉTAT.

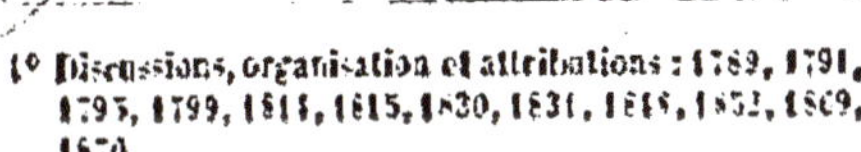

PARIS

LIBRAIRIE DE GUILLAUMIN ET Cie, ÉDITEURS

Du Journal des Économistes, de la Collection des principaux économistes, du Dictionnaire universel du Commerce et de la Navigation, etc.

14, RUE RICHELIEU, 14

1873

AVANT-PROPOS.

De même que pendant les premières années de la période révolutionnaire, de même qu'après le renversement de la Monarchie constitutionnelle en 1848, la France est depuis deux ans placée sous le régime d'une Assemblée unique. Mais avec ses profondes études et sa vieille expérience, l'homme illustre qui a assumé la tâche de restaurer notre malheureuse patrie sait quelle est la valeur de ce régime. Il n'ignore pas qu'il est essentiellement provisoire, et il a toujours été convaincu que la division du pouvoir législatif entre deux chambres est une condition à laquelle doivent se soumettre tous les gouvernements réguliers, qu'ils soient républicains ou monarchiques. Il a donc convié récemment l'Assemblée nationale à s'occuper de la constitution d'une Chambre haute, et la majorité de l'Assemblée a voté en principe l'établissement de cette Chambre. Toutefois une forte minorité s'est prononcée contre la proposition du gouvernement : cette proposition a été en effet repoussée par 213 suffrages, tout en réunissant en sa faveur 381 voix. Lorsqu'il s'agira d'organiser la première Chambre, il faut par conséquent s'attendre à ce que le projet d'organisation qui sera mis en avant rencontre une vive opposition, et il est déjà permis de prévoir que l'opposition viendra des deux partis les plus contraires que renferme l'Assemblée, le parti républicain avancé et le parti légitimiste pur : les 213 députés qui ont voté contre la création de deux chambres appartenant tous à ces deux fractions de l'Assemblée.

Notre conviction personnelle est que les uns et les autres se trompent. Ils sont loin d'avoir des sentiments identiques sur le rôle et la constitution du pouvoir législatif; ils les comprennent même d'une façon toute différente. Néanmoins ils sont d'accord sur le résultat à obtenir : ils veulent que la France continue à être gouvernée par une seule Assemblée. Comme, à notre avis, c'est une question de salut public que la représentation nationale cesse d'être concentrée dans une chambre unique, comme la théorie prouve la nécessité de diviser le pouvoir législatif, comme notre propre histoire et l'exemple des peuples étrangers démontrent surabondamment les dangers de l'unité de Chambre et les avantages de la dualité des assemblées, nous nous sommes décidé à entreprendre le présent Essai.

On y verra qu'à toutes les époques la nécessité de partager le pouvoir législatif entre deux assemblées a été proclamée en France par les publicistes, les orateurs, les hommes d'état les plus distingués : par les Mounier, les Malouet, les Necker, les Tally-Tollendal en 1789; par les Boissy d'Anglas, les Cambacérès, les Daunou en 1795; par Sieyès et le premier Consul en l'an VIII; par Benjamin Constant et Manuel en 1815; par les Royer-Collard, les Guizot, les Thiers, les Casimir-Périer en 1831 ; par les Odilon Barrot, les Duvergier de Hauranne, les Charles Dupin en 1848; par Alexis de Tocqueville, par le feu duc de Broglie, par Prévost-Paradol, par MM. Laboulaye, de Laveleye et Stuart-Mill.

On y verra que les constitutions qui ont établi l'unité de Chambre n'ont pas pu subsister : la Constitution de

1791 n'ayant duré qu'une année, celle de 1793 n'ayant jamais pu être appliquée, celle de 1848 ayant été détruite au bout de trois ans.

On y verra qu'avec nos idées et nos mœurs démocratiques, il faut que la première Chambre soit élective, pour jouer utilement un grand rôle politique.

On y verra que tous les Etats libres d'Europe et d'Amérique, monarchies ou républiques, tous les Etats moins la Grèce, ont adopté le système de la dualité des chambres ; et que si la première Chambre est à la nomination du souverain dans les royaumes où dominent les sentiments aristocratiques et le respect des hiérarchies sociales, la première Chambre est au contraire élue par les citoyens dans les monarchies où l'élément populaire est puissant et dans les républiques.

On y verra enfin quelle organisation les constitutions de l'an III, de l'an VIII, de 1814, de 1815, de 1830, de 1852 et de 1870 ont donnée chez nous à la Chambre haute, quelles attributions elles lui ont confiées, ainsi que les différences que présentent, au point de vue de l'organisation et des attributions, les chambres hautes étrangères.

Si ces renseignements peuvent être utiles aux hommes impartiaux, s'ils peuvent offrir quelque intérêt à ceux qui sont disposés à étudier sans parti pris la question des deux chambres, nous nous estimerons heureux et nous nous applaudirons d'avoir aidé pour notre faible part à une solution que réclame l'intérêt du pays.

ESSAI HISTORIQUE

SUR LES

CHAMBRES HAUTES

FRANÇAISES ET ÉTRANGÈRES

PREMIÈRE PARTIE.

I

Opinions de Benjamin Constant, de Tocqueville, de Broglie, Prévost-Paradol, de Laveleye, en faveur de la dualité des Chambres. — Opinion de M. Vacherot en faveur d'une Assemblée unique. — Comment MM. Laboulaye et Stuart Mill soutiennent la théorie des deux Chambres. — Hésitation de certains monarchistes à constituer une Chambre haute élective. — Réflexion de Stuart Mill sur les Chambres aristocratiques.

Depuis que Montesquieu a écrit que pour qu'un peuple soit libre, « il faut que par la disposition des choses, le pouvoir arrête le pouvoir, » tous les écrivains de l'école libérale ont affirmé qu'il est indispensable de répartir entre deux chambres l'action législative. Ainsi on lit dans les « Principes de politique » écrits par Benjamin Constant en 1815 : « Une Assemblée qui ne peut être réprimée ni contenue, est de toutes les puissances la plus aveugle dans ses mouvements, la plus incalculable dans ses résultats, pour les membres mêmes qui la composent. Une activité indiscrète sur tous les objets, une multiplicité de lois sans mesure ; le désir de plaire à la partie passionnée du peuple, en s'abandonnant à son impulsion ou même en la devançant ; tour à tour la témérité ou l'indécision, la violence ou la fatigue, la complaisance pour un seul ou la défiance contre tous ; l'entraînement par des sensations purement physiques, comme l'enthousiasme ou la terreur ; l'absence de toute responsabilité morale, la certitude d'échapper par le nombre à la honte de la lâcheté ou au péril de l'audace : tels sont les vices des assemblées, lorsqu'elles ne sont pas renfermées dans des limites qu'elles ne puissent franchir..... Tous les freins qu'une assemblée unique s'impose à elle-même, les précautions contre l'urgence, la nécessité des deux tiers des voix ou de l'unanimité ; tous ces freins, dis-je, sont illusoires. Une Chambre unique met en présence une majorité et une minorité, avec cette circonstance de plus contre la minorité, que le règlement qu'elle invoque est l'ouvrage de la majorité, qui a toujours le sentiment de pouvoir défaire ce qu'elle a fait. La division en deux sections séparées crée au contraire deux corps qui ont intérêt à défendre leurs opinions respectives. Il y a majorité contre majorité. Celle du corps le plus nombreux n'étant elle-même qu'une majorité de convention, c'est-à-dire factice en comparaison de la nation entière, n'ose révoquer en doute la légalité de la majorité moins nombreuse qui lui est opposée. »

Alexis de Tocqueville écrivait de même, il y a aujourd'hui quarante ans, dans son grand ouvrage « De la démocratie en Amérique » : « On peut désormais considérer comme une vérité démontrée la nécessité de partager l'action législative entre plusieurs corps. Cette théorie, à peu près ignorée des républiques antiques, introduite dans le monde presque au hasard, ainsi que la plupart des grandes vérités, méconnues de plusieurs peuples modernes, est enfin passée comme un axiome dans la science politique de nos jours. » De même encore, le feu duc de Broglie réclame dans ses « Vues sur le gouvernement de la France » : « deux chambres, deux corps délibérants, obligés de compter sans cesse l'un avec l'autre, ne pouvant rien l'un sans l'autre, égaux en droits ; deux assemblées, puisées à des sources différentes, mais également fécondes, et qui se confondent dans les entrailles du sol ; deux assemblées, l'une composée de tout ce que l'histoire nationale offre de noms illustres, à divers titres ; l'autre, représentant l'activité des idées nouvelles, le mouvement des partis, le progrès des intérêts nouveaux. » De son côté, Prévost-Paradol affirme dans « la France nouvelle » que « l'expérience est d'accord avec la raison pour recommander aux nations qui veulent se gouverner avec ordre et en liberté l'établissement de deux chambres, entre lesquelles se partage le pouvoir législatif. » Enfin M. de Laveleye, dans un chapitre de son « Essai sur les formes de gouvernement dans les sociétés modernes, » chapitre où il démontre que « dans une république, plus que dans une monarchie, il faut deux chambres, » résout la question en ces termes : « Si l'on veut avoir un bon gouvernement, il faut organiser le pouvoir législatif de façon qu'il puisse découvrir la loi, et non rechercher la volonté populaire. Sans doute, quand le peuple a quelques lumières, il faut que les pouvoirs sortent de l'élection populaire, parce que autrement ils favoriseraient les privilégiés, ce qui serait contraire à la justice ; mais une fois constitués, ces pouvoirs ont pour mission de chercher et de décréter ce qui est favorable au bien général ; ils ne sont pas élus pour obéir aux caprices et à l'ignorance de la foule. La loi ne doit pas être l'expression de la volonté du peuple, par la raison très simple que le peuple, n'entendant absolument rien aux questions débattues, ne peut avoir de volonté à ce sujet. Le xviiie siècle invoquait sans cesse la volonté comme source de droit, le xixe parle plus volontiers de science. J'estime qu'il a raison. Un peuple sensé dira : je veux être gouverné par les meilleures lois possibles ; comme je suis incapable de les découvrir, je nommerai à cet effet des gens spéciaux, et ces législateurs que je nommerai, je les distribuerai en une ou en deux chambres, suivant le système que l'expérience aura fait connaître comme le plus favorable à la confection de bonnes lois. La politique est en grande partie une science d'observation ; c'est ce que n'ont jamais compris les démocrates français de l'ancienne école. Or l'observation montre qu'avec deux chambres on gouverne mieux et on fait de meilleures lois qu'avec une seule. »

En sens contraire, il est une catégorie d'écrivains, celle des républicains-démocrates, qui repousse absolument la théorie de la dualité des chambres. Nul ne contestera que M. Vacherot ne soit l'un des plus distingués et des plus estimables parmi les écrivains dont nous parlons. Or voici ce qu'il dit de la constitution du pouvoir législatif dans son livre « De la démocratie » : « Il importe au gouvernement et à l'administration que l'Assemblée législative soit unique. Le système des deux assemblées peut s'expliquer par de puissantes considérations historiques. La logique ne trouve pas aussi facilement des raisons pour le justifier. Quoi qu'en disent ses partisans, on n'est point frappé de l'insuffisance d'une assemblée unique, où tous les partis ont leurs représentants, et tous les intérêts leurs organes; où rien ne limite ni n'abrége la discussion ; où .es lois et les décrets peuvent être soumis à plusieurs épreuves. Les idées d'équilibre et de pondération semblent des abstractions empruntées à une sorte de mécanique politique, plus ingénieuse que pratique, quand elles ne sont point l'expression de réalités historiques dont toute politique positive doit tenir compte, mais qui n'ont rien de commun avec la raison et la logique. La raison nous dit bien plutôt que deux assemblées se gênent et se neutralisent, qu'elles ne peuvent marcher qu'en recevant l'impulsion d'un troisième pouvoir qui ne peut être qu'un individu, prince ou président: ce qui sort des conditions de la démocratie et ouvre la porte, soit à la monarchie, soit à la dictature. Une assemblée est déjà par elle-même une assez lourde machine, sans qu'on la charge encore de poids et de contre-poids, dont l'effet est de réduire le gouvernement à l'immobilité et à l'impuissance...... Une chambre des lords sera nécessaire en Angleterre tant que l'Angleterre restera une société aristocratique. Aux États-Unis, le Sénat a sa raison d'être dans la constitution fédérale de la république américaine. Mais il est d'autres pays où la seconde assemblée n'est qu'une imitation artificielle, quand elle n'est pas tout simplement une satisfaction ménagée à des vanités ou à des appétits personnels. »

Tels sont les sentiments que la plupart des républicains français professent sur la question qui nous occupe. On en a eu la preuve dernièrement, quand le chef du parti radical, M. Gambetta, a défendu devant l'Assemblée nationale, à la séance du 23 février 1873, le système de l'unité de Chambre. Néanmoins tous les publicistes dont le dévouement à la cause démocratique est connu, ne tombent point dans l'erreur de vouloir concentrer dans une assemblée unique la puissance législative. M. Laboulaye en France, John Stuart-Mill en Angleterre, pour ne citer que ces deux autorités, sont en effet partisans de l'existence de deux assemblées.

« Je soutiens, a dit le premier de ces publicistes en réponse à M. Gambetta, je soutiens qu'une seconde chambre est un élément nécessaire pour une démocratie qui veut durer. Que cette seconde chambre doive être nommée comme la première par le suffrage universel, c'est mon opinion. Mais prétendre que l'on peut gouverner un pays, et un grand pays, avec une Assemblée de sept cents membres, c'est retomber dans les doctrines de la Convention, c'est vouloir en arriver au régime du comité de salut public, et finir par le césarisme. J'avoue que j'ai été étonné quand j'ai entendu dire qu'une seconde chambre, et la République étaient incompatibles. Il me semblait que nous avions un exemple suffisant dans la grande République des Etats-Unis, qui, apparemment est démocratique, et dans les trente-sept républiques dont elle se compose...... Dans quel pays a-t-on jamais vécu avec une seule assemblée ? Est-ce en 1789, en 1793, en 1848 ? Non, à ces trois époques on a fait l'expérience d'une chambre unique en France ; trois fois l'expérience a échoué. Devant les leçons de l'histoire, il faut reconnaître que la République ne peut vivre qu'avec deux chambres. Et il y en a une raison simple. Qu'est-ce qu'un pouvoir législatif que rien ne limite ? C'est l'arbitraire, c'est un despotisme plus ou moins doux exercé par six ou sept cents personnes. Quelles fautes ne pouvons-nous pas commettre sans que rien nous arrête ?...... Ce n'est pas seulement la souveraineté du peuple qui demande à être garantie, c'est aussi l'indépendance du pouvoir exécutif. Que peut être le pouvoir exécutif avec une seule assemblée ? Ou il la dominera, et alors il sera le maître absolu; ou il sera dominé par elle, et alors il ne sera plus qu'un serviteur, qu'un commis. Ce n'est pas là le gouvernement qu'il faut à un grand pays. Ainsi donc, c'est au nom de la souveraineté populaire, c'est au nom de la démocratie même, que je défends le système des deux chambres. Je prétends qu'il faut revenir aux grands exemples qui nous sont donnés par l'Amérique, par la Suisse et par tous les pays libres. »

De son côté, Stuart-Mill s'exprime comme il suit dans son traité sur « le Gouvernement représentatif » : « La considération qui parle le plus dans mon esprit en faveur des deux chambres, c'est le mauvais effet produit sur l'esprit de tout possesseur du pouvoir, que ce soit un individu ou une Assemblée, par le sentiment qu'il n'a que lui à consulter. Une majorité dans une assemblée unique, quand elle a pris un caractère permanent, qu'elle est composée des mêmes personnes agissant habituellement ensemble et qu'elle est toujours assurée de la victoire, devient aisément despotique, lorsqu'elle est délivrée de la nécessité d'examiner si ses actes seront approuvés par une autre autorité constituée. Il est désirable qu'il y ait deux chambres, par la même raison qui faisait nommer deux consuls aux Romains, pour que ni l'une ni l'autre ne puissent être exposées à l'influence corruptrice du pouvoir absolu, même pendant l'espace d'une seule année. Une des qualités les plus indispensables pour la direction des affaires politiques et surtout pour le fonctionnement des institutions libres, c'est la conciliation, la promptitude à transiger, l'empressement à faire des concessions aux adversaires, et à rendre de bonnes mesures aussi peu blessantes que possible pour les personnes d'une opinion opposée. Les alternatives d'exigences et de concessions qui se pratiquent entre deux assemblées, sont une école permanente de cette salutaire habitude. »

Le parti légitimiste, personne ne l'ignore, repousse la théorie de la chambre unique et veut que le pouvoir législatif soit divisé entre deux assemblées. Ceux de ses membres qui siégent à l'Assemblée nationale et qui se refusent à doter la France du bénéfice d'une chambre haute, commettent-ils donc une inconséquence ? Non, car ils comprennent l'organisation de cette chambre de telle façon que, d'après eux, il vaut mieux qu'elle n'existe pas plutôt que d'être élective. Dans leur opinion, la première chambre est essentiellement destinée à servir de corps intermédiaire entre la royauté et les élus de la nation ; elle doit par conséquent être à la nomination du souverain. Ils avouent qu'il est impossible en ce moment de la constituer dans des conditions aussi aristocratiques, et ils aiment mieux s'en passer que de la voir sortir d'une élection.

La suite de ce travail démontrera à quel point est faux un pareil raisonnement. Nous nous bornerons donc, pour le moment, à appeler l'attention de ceux qui le tiennent sur quelques réflexions que présente Stuart-Mill, dans l'ouvrage cité plus haut : « L'utilité d'une seconde chambre dépend complètement de l'appui social sur lequel elle peut compter en dehors d'elle-même. Une assemblée qui n'a pas pour base quelque grand pouvoir dans le pays, est peu de chose auprès d'une autre qui a cette base. Une chambre aristocratique n'est puissante que dans un état de société aristocratique. Je ne puis pas croire que dans un état de société véritablement démocratique, la chambre des lords aurait aucune valeur réelle comme modéra-

trice de la démocratie. Quand un parti est faible, le moyen
de le fortifier n'est pas de le ranger en ligne de bataille
devant son adversaire plus puissant, et de déployer à
ciel ouvert leurs forces respectives. Une pareille tactique
assurerait la défaite complète du plus faible. Celui-ci ne
peut opérer sainement qu'en prenant position parmi la
foule plutôt que contre la foule; il ne faut pas qu'il se
pose en corps ennemi, ce qui provoquerait un ralliement
général contre lui. S'il y a deux chambres, l'une qui est
regardée comme représentant le peuple, l'autre comme
représentant une classe seulement, ou n'étant pas représentative du tout, je ne puis pas croire que là où la démocratie est le pouvoir dominant, la seconde chambre
aurait aucun pouvoir réel de résister, même aux aber-
rations de la première : on pourrait la laisser vivre par
déférence pour les habitudes et les souvenirs, mais non
comme un contre-poids effectif. »

II

La Constitution de 1791 établit une Chambre unique. — Pourquoi les Contituants de 1789 étaient hostiles à la division du pouvoir législatif.—Necker était partisan de deux Chambres.—Rapport
de M. de Cicé sur l'organisation du pouvoir législatif. — Discussion
sur les bases de la Constitution. — Discours de Lally-Tollendal et
de Mounier en faveur de deux Assemblées. — Malouet, Dupont de
Nemours, etc., se prononcent dans le même sens. — Propositions
de ces différents orateurs sur l'organisation et les attributions de
la première Chambre.—Arguments de Rabaud de Saint-Étienne, de
Thouret, du vicomte de Mirabeau, etc., en faveur d'une Assemblée
unique. — Impressions de la Constituante sur la question des deux
Chambres. — Tristes résultats que donne la concentration du pouvoir législatif dans une seule Assemblée, sous la Constituante, la
Législative et la Convention.

Le prestige de 1789 est grand encore parmi nous.
Comme l'œuvre des Constituants est réellement extraor-

dinaire, et que l'époque à laquelle ils l'ont accomplie est déjà éloignée, nous sommes enclins à la juger d'ensemble, à en admirer les belles parties et à en passer sous silence les défauts. Cependant, ces défauts, surtout en ce qui concerne l'organisation des pouvoirs publics, sont aussi graves que nombreux. Il ne rentre pas dans notre tâche de les signaler tous ; qu'il nous suffise de dire qu'un article de la Constitution des 3-14 semptembre 1791 a décidé que le Corps législatif serait formé d'une seule chambre (titre III, chap. i, art. 1).

Cette décision s'explique historiquement, par les circonstances au milieu desquelles était placée la Constituante. Elle n'a donc pas de valeur, et les partisans des assemblées uniques ne sauraient en tirer argument.

On sait que les députés aux Etats-Généraux avaient été élus par ordre, et que, conformément aux usages des précédentes « tenues, » chaque ordre devait délibérer et voter séparément. On sait également que les députés du Tiers-Etat, égaux en nombre à ceux des deux autres ordres, et, suivant une expression de Bailly, « forts de l'assentiment de vingt-six millions de Français, » protestèrent, dès le principe, contre ce mode de procéder, appelèrent à se réunir à eux les députés de la noblesse et du clergé, et ne tardèrent pas à se constituer en Assemblée nationale.

Si l'ancienne distinction des ordres avait été maintenue, les lois ne seraient devenues définitives qu'après une triple épreuve, et on aurait vu trois Chambres, formées d'éléments opposés, participer avec le Roi au pouvoir législatif. Cette organisation eût été déplorable, car les privilégiés, qui ne formaient qu'une infime minorité dans la nation, eussent possédé deux Chambres sur trois, et on comprend l'inébranlable fermeté avec laquelle les

Députés du Tiers réclamèrent la délibération des Ordres et la délibération en commun. Mais, après les efforts qu'ils avaient été obligés de faire pour atteindre ce résultat, ils ne pouvaient manquer d'être en grande majorité partisans de l'existence d'une Assemblée unique; la pluralité des Chambres devait leur paraître une institution aristocratique, bonne à ramener les divisions de classes qu'ils venaient de détruire. Leur victoire éclatante sur ce qu'on appelait le parti de la cour, les encouragements de l'opinion publique, les sacrifices que, dans dans une nuit d'enthousiasme, le Clergé et la Noblesse consentirent, au milieu des applaudissements des Députés des communes, la nécessité de rendre le pouvoir législatif assez fort pour être en mesure de résister un jour aux empiétements possibles de la Royauté, toutes ces raisons leur faisaient regarder une seule Assemblée comme particulièrement apte à jouer un grand rôle. Lors donc que, fidèles au serment prêté le 20 juin dans la salle du Jeu de paume, ils s'occupèrent « d'établir, sur des fondements solides, la constitution du royaume, » il était d'avance presque certain qu'ils ne diviseraient pas en deux Chambres le pouvoir législatif.

Le Comité chargé de préparer un projet de constitution éprouva un extrême embarras quand il eut à examiner cette question. Malgré le sentiment général qui était favorable à l'unité de Chambre, quelques hommes, en effet, étaient très-opposés à ce système. Ils avaient étudié les institutions anglaises et américaines; ils aspiraient à en doter leur patrie, et, dans l'intérêt de sa liberté et de son repos, ils tenaient à lui assurer une double Assemblée. Le ministre Necker était un de ces hommes, et comme il était parvenu à l'apogée de sa popularité, qu'il était l'objet d'un de ces engouements passagers auxquels les Français ont toujours été si enclins, surtout dans les moments de crise, une opinion qu'on savait être la sienne ne pouvait manquer d'être très-sérieusement discutée. Néanmoins, elle ne triompha pas dans le Comité de constitution, et son rapporteur, M. de Cicé, archevêque de Bordeaux, s'exprimait ainsi dans la séance du 27 juillet 1789 :

« Notre opinion n'est pas arrêtée sur la composition même du Corps législatif. Sera-t-il constitué en une seule Chambre ou en plusieurs?

« Les personnes qui sont attachées au système d'une Chambre unique peuvent s'appuyer, avec une juste confiance, sur l'exemple de celle dans laquelle nous sommes réunis, et dont les heureux effets sont déjà si sensibles. Elles allèguent encore que c'est la volonté commune qui doit faire la loi, et qu'elle ne se montre jamais mieux que dans une seule Chambre; que tout partage du Corps législatif, en rompant son unité, rendrait souvent impossibles les réformes les plus salutaires; qu'il introduirait dans le sein de la nation un état de lutte et de combat, dont l'inertie politique ou de funestes divisions pourraient résulter; qu'il exposerait aux dangers d'une nouvelle aristocratie, que le vœu, comme l'intérêt national, est d'écarter.

« D'autres, au contraire, soutiennent que ce partage du Corps législatif en deux Chambres est nécessaire; qu'à la vérité, dans le moment d'une régénération, on a dû préférer l'existence d'une seule Chambre; qu'il fallait se prémunir contre les obstacles de tout genre dont nous étions environnés, mais que deux Chambres seront indispensables pour la conservation et la stabilité de la constitution que vous aurez déterminée; qu'il faut deux Chambres pour prévenir toute surprise et toute précipitation, pour assurer la maturité des délibérations; que l'intervention du Roi dans la législation serait vaine, illusoire et sans force contre la masse irrésistible des volontés nationales, exprimées par une seule Chambre; que devant tendre surtout à fonder une Constitution solide et durable, nous devons nous garder de tout système qui, en réservant toute la réalité de l'influence au Corps législatif, intéresserait le Monarque à saisir les occasions de la modifier, et exposerait l'Empire à de nouvelles convulsions; que l'activité du Corps législatif, en accélérant sa marche sans utilité, l'expose à des révolutions subites, inspirées par une éloquence entraînante, ou par la chaleur des opinions, ou enfin par des intrigues étrangères; que ces révolutions précipitées conduiraient bientôt au despotisme ou à l'anarchie; que l'exemple de l'Angleterre, et même celui de l'Amérique, démontrent l'utilité de deux Chambres, et répondent suffisamment aux objections fondées sur la crainte de leurs inconvénients. Ils ajoutent néanmoins qu'en partageant le Corps législatif en deux Chambres, ce doit être sans égard aux distinctions d'ordre qui pourraient ramener les dangers d'autant plus redoutables de l'aristocratie, qu'ils auraient le sceau de la légalité, mais en faisant ressortir leur différence de l'influence que l'on attribuerait à chacune d'elles, et de la nature même de leur constitution. »

Ce long passage du rapport de M. de Cicé nous a paru digne d'être reproduit, parce qu'il permet d'apprécier à quel point les esprits étaient prévenus contre le système des deux Chambres. Le Comité de constitution énumère, en effet, des raisons décisives à l'appui de la division du Corps législatif, et cependant il n'ose pas la proposer, il s'en remet à la décision de l'Assemblée!

Peu de jours après la lecture faite par M. l'archevêque de Bordeaux, la discussion commença sur la déclaration des droits de l'homme à placer en tête de la Constitution, et sur les articles relatifs à la nature du gouvernement, au pouvoir législatif, au pouvoir exécutif et à l'organisation judiciaire. Cette discussion dura longtemps ; elle fut confuse et souvent orageuse. On parla beaucoup des droits des citoyens et fort peu de leurs devoirs ; on exalta la souveraineté de la nation ; on raisonna à perte de vue sur la sanction royale et sur le droit de *veto* absolu ou suspensif à accorder au Souverain. On traita aussi de la séparation du Corps législatif en deux Chambres ou de sa réunion en une seule Assemblée. Mais il ressort clairement de la physionomie des débats que ce point n'était, pour les orateurs, qu'une préoccupation secondaire ; ceux qui s'en sont occupés ne l'ont fait, en général, qu'incidemment, et le plus grand nombre l'a complètement négligé. A vrai dire, il n'y a que deux hommes qui aient énergiquement soutenu la thèse des deux Chambres : ces deux hommes étaient Mounier et le comte de Lally-Tollendal. Leurs efforts ont échoué devant le parti pris de la plupart de leurs collègues, mais il n'en est pas moins intéressant de connaître les arguments dont ils se sont servis et ceux qu'on leur opposés.

M. de Lally s'éleva le premier, dans la séance du 19 août 1789, contre l'établissement d'une Chambre unique. Il fit valoir les considérations suivantes : « La division du pouvoir législatif, la réunion du pouvoir exécutif sont deux axiomes politiques que la raison et l'expérience ont placés hors de toute atteinte. Partout où le pouvoir législatif est dans une seule main, partout où le pouvoir exécutif est partagé entre plusieurs, la liberté ne peut exister... L'unité, la célérité, le mouvement sont de l'essence du pouvoir exécutif. La délibération, la lenteur, la stabilité doivent caractériser le pouvoir législatif. Une Assemblée unique court perpétuellement le danger d'être entraînée par l'éloquence, séduite par des sophismes, égarée par des intrigues, arrêtée par des terreurs qu'on lui inspire. Mais qu'il existe deux Chambres au lieu d'une, la première portera plus d'attention à ses décisions, par cela seul qu'elles doivent subir une révision dans la seconde. La seconde, avertie des erreurs de la première et des causes qui les auront produites, se prémunira d'avance contre un jugement erroné dont elle connaîtra le principe... Une Chambre unique ne sera jamais liée par ses délibérations. Elle aura beau prétendre s'enchaîner, comme elle seule aura forgé la chaine, comme elle seule la tiendra dans ses mains, elle la rompra toutes les fois qu'elle le voudra. Du jour au lendemain, elle révoquera la décision la plus solennelle. La Constitution elle-même sera dans un danger perpétuel, livrée à l'inconstance, au caprice, à toutes les passions humaines... L'Assemblée nationale, dit-on, même formée en une seule Chambre, ne sera ni puissance unique, ni puissance illimitée ; elle ne pourra se passer du concours de la puissance royale, et elle y trouvera des bornes. Mais n'est-il pas souverainement prudent d'éviter, à quelque prix que ce soit, le danger, toujours incalculable, de mettre le dépositaire de la puissance publique aux prises avec le Corps législatif ? Et comment l'éviter, s'il n'y a point d'intermédiaire ? »

De son côté, Mounier s'exprima en ces termes, à la séance du 4 septembre : « L'Assemblée actuelle, chargée de fixer l'organisation des pouvoirs et d'élever l'édifice de la liberté, devait être formée d'un seul corps, afin d'avoir plus de force et de célérité. Mais ce même degré de force, s'il était conservé après la Constitution, finirait par tout détruire. Comment empêcher pour l'avenir, dans une seule Assemblée, les erreurs, la précipitation, l'enthousiasme ? Comment espérer qu'elle abaissera son pouvoir devant celui de la Constitution, et que dans les différents qui s'élèveront entre elle et le trône, l'un ou l'autre ne sera pas renversé ?... Sans cesse entraînée par les discours véhéments des orateurs, ou par l'impression subite qu'elle recevrait de tous les événements, elle se mettrait au-dessus de toutes les règles. Les atteintes qu'elle pourrait porter à la Constitution ne seraient pas aperçues par la nation, et peut-être même séduiraient la multitude. Deux Chambres, au contraire, discutant séparément, assurent la sagesse de leurs délibérations respectives, et donnent au Corps législatif la marche lente et majestueuse dont il ne doit jamais s'écarter. » Le lendemain, 5 septembre, Mounier prononçait encore ces paroles si vraies : « La loi n'est qu'un vain mot, quand il n'existe aucun moyen pour la faire respecter. D'après ce principe incontestable, comment pourrait-on lier les Représentants et prévenir l'accroissement de leur puissance, si l'on se bornait à écrire leurs devoirs, et si la combinaison des ressorts du gouvernement ne défendait pas l'autorité royale ? »

L'opinion de Lally-Tollendal et de Mounier fut appuyée dans le sein de l'Assemblée par Malouet, par Dupont de Nemours, par MM. de Clermont-Tonnerre, de Larochefoucault et de Virieu. Tous insistèrent sur l'exemple de l'Angleterre et des États-Unis, et démontrèrent non-seulement que le bon accord serait impossible entre une seule Chambre et le Roi, mais, en outre, que la représentation nationale en arriverait vite à dépouiller la Royauté de ses attributions essentielles et à devenir un pouvoir despotique.

Les partisans des deux Chambres étaient d'accord pour qu'elle se recrutât indistinctement parmi toutes les classes de citoyens, pour qu'elle fût composée d'hommes ayant rempli de hautes fonctions ou ayant rendu de grands services à leur pays, et pour qu'elle comptât un nombre de membres égal au tiers de celui de la Chambre des Représentants; mais ils ne s'entendaient pas aussi bien sur le mode de nomination des Sénateurs. Ainsi le comte de Lally demandait qu'ils fussent choisis par le Roi sur des listes de candidats que lui présenteraient les Assemblées provinciales, et que leurs fonctions fussent viagères. Mounier et Malouet exprimaient au contraire l'avis que le Sénat devrait être élu par les mêmes électeurs qui nommeraient les Représentants, mais que ses membres devraient être plus âgés et avoir un mandat législatif plus long que ceux-ci. Enfin, quant aux attributions des deux Chambres, Mounier et Lally voulaient qu'on attribuât à chacune d'elles un droit égal pour l'initiative, la discussion et la rédaction des lois, en laissant toutefois le vote exclusif de l'impôt à la Chambre des Représentants, et en érigeant le Sénat en Tribunal suprême à l'égard des hauts fonctionnaires accusés d'avoir fait de l'autorité remise entre leurs mains, un usage contraire à la loi. Dupont de Nemours aurait préféré que le Sénat n'eût que le droit de renvoyer à une nouvelle délibération, en indiquant les motifs qui l'empêcheraient de les approuver, les projets provisoirement adoptés par la Chambre des Représentants, et qu'après trois renvois successifs, si l'entente ne se produisait pas entre les deux Conseils législatifs, on procédât à une délibération en commun.

Quoi qu'il en soit de ces divergences de détail, on voit que les partisans des deux Chambres ont donné en 1789 les plus sérieuses raisons à l'appui de leur opinion, et qu'ils ont clairement indiqué le danger qu'il y aurait à placer vis-à-vis l'une de l'autre, et avec des forces inégales, l'autorité royale et une Assemblée unique.

Leurs adversaires leur ont opposé une série d'objections, dont le lecteur aura à apprécier la force.

« La nation est une, s'écriait, à la séance du 4 septembre, le député Rabaud, de Saint-Etienne, sa représentation doit être une. La puissance de se gouverner réside dans la nation avec autant de simplicité que dans chaque individu... Que l'on jette les yeux sur l'Angleterre : la Chambre haute n'est qu'un reste du gouvernement féodal, tandis que la Chambre des communes nous offre le résultat de la liberté nationale, qui respecte les débris impuissants d'un pouvoir usurpé. L'équilibre des deux Chambres vient des Anglais, et il fut inventé pour ménager les intérêts des grands et des communes. » D'où la conclusion qu'en France, où il n'y avait plus que la nation, — on ne disait pas encore le peuple, — il ne devait y avoir qu'une seule Assemblée. Le vicomte de Mirabeau ajoutait que le Sénat serait inévitablement entre les mains du Roi un instrument de despotisme, et qu'il servirait à rétablir les priviléges et l'inégalité.

Dans la séance du 5 septembre, Thouret avoue de même que son opinion, « en faveur d'une seule Chambre, est dictée par le désir de remédier à l'aristocratie des ordres. » Puis il raisonne ainsi : « Accordera-t on au Sénat un droit de *veto* à l'égard des résolutions prises par la Chambre des Représentants? C'est constituer deux corps rivaux qui ne tarderont pas à entrer en lutte, c'est permettre, contrairement à toute justice, au moins nombreux des deux de paralyser les décisions du plus nombreux, c'est subordonner celui qui émane directement des entrailles du pays, à celui qui ne partage qu'imparfaitement ses désirs. Ne reconnaîtra-t-on au Sénat qu'un pouvoir modérateur, qu'un droit de révision, et devra-t-il s'incliner devant la volonté formellement manifestée de la Chambre des Représentants? En ce cas, le Sénat est un rouage inutile et compliqué, il manquera d'autorité, sa résistance ne fera qu'exalter l'autre Assemblée, et mieux vaut s'en rapporter à la sagesse de celle-ci.» Se plaçant à un autre point de vue, le duc de Montmorency insiste sur cette idée, que si le Sénat est électif, il obéira aux mêmes passions que la Chambre des représentants, et que, s'il est composé de membres inamovibles et à la nomination du Roi, il donnera naissance à une nouvelle aristocratie.

Les autres orateurs qui ont combattu le système des deux Chambres, MM. Pétion, Lameth, Dangevilliers, de Sillery, n'ont fait que reproduire les arguments ci-dessus exposés. Ils ont surtout manifesté la crainte que la création d'un Sénat ne fût un retour vers le passé, et n'aidât à rétablir l'influence des ordres naguère privilégiés. Ainsi, le marquis de Sillery affirmait, dans la séance du 7 septembre, qu'avec une seconde Chambre « on retomberait dans ces distinctions humiliantes, dont la noblesse française a fait le sacrifice. » Les convictions de la majorité des Députés paraissaient du reste si bien formées, que le grand orateur de l'Assemblée constituante, le comte de Mirabeau, n'osa pas soutenir l'opinion de Mounier qu'il partageait, et qu'afin d'éviter un vote il proposa le 9 septembre, de passer à l'ordre du jour sur la question des deux Chambres. Sa proposition souleva de violents débats et elle fut repoussée ; puis, quand on alla aux voix le lendemain sur le point de savoir si l'Assemblée serait unique, 499 Députés se prononcèrent pour l'affirmative, tandis que 89 seulement votèrent en faveur du système des deux Chambres.

Telle est, en résumé, la discussion à la suite de laquelle la Constituante repoussa la division du Corps législatif en deux Assemblées, et adopta les décrets de 1er-5 et 13 octobre 1789, reproduits deux ans plus tard dans la Constitution des 3-14 septembre 1791.

L'analyse de cette discussion prouve qu'on a délibéré sous l'empire d'une préoccupation due aux graves événements qui venaient de s'accomplir. A quelques jours de la disparition des ordres et de l'abolition des priviléges, la majorité des députés était persuadée qu'une seconde Chambre serait « un repaire d'aristocratie »; elle se faisait d'ailleurs d'étranges illusions sur la puissance réelle de la royauté, et ne songeait qu'à fortifier le pouvoir législatif; elle n'avait pas l'expérience des conditions auxquelles peut fonctionner régulièrement un gouvernement libéral; elle était enfin dominée par la théorie de l'omnipotence de la nation et par le sentiment exagéré de son unité. Voilà, à n'en pas douter, les motifs, en quelque sorte historiques et purement de circonstances, qui ont fait, en 1789, triompher le système de l'unité de Chambre.

Il n'entre pas dans le plan de cette étude de suivre à l'œuvre l'Assemblée constituante. Qu'il nous suffise de rappeler que dans maintes occasions, elle a cédé à des emportements regrettables et pris des mesures intempestives, donnant ainsi raison à ceux de ses membres qui l'avaient avertie qu'une Chambre populaire n'est pas moins sujette à l'erreur qu'un roi et ses ministres. Lorsqu'elle se sépara, en 1791, et qu'eile déclara sa mission terminée, il est certain que l'État était désorganisé, qu'un trouble profond agitait les esprits, que les chefs du mouvement de 1789 étaient découragés, que le trône était profondément ébranlé, que la guerre civile et étrangère était imminente, bref, que la révolution entraînait la France à l'abîme. N'est-il pas permis de penser que les choses auraient mieux tourné si on avait constitué, dès 1798, une seconde Chambre, dans laquelle seraient assurément entrés en grand nombre les hommes généreux et influents qui venaient de doter leurs concitoyens de l'égalité des charges et des droits ? Elle aurait pu en effet modérer l'ardeur de la première Chambre, ralentir sa passion des réformes, protéger les intérêts privés, éclairer l'opinion publique, et restreindre les empiétements du pouvoir législatif sur le pouvoir exécutif.

En tout cas, le péril que présente l'existence d'une seule Assemblée se manifesta d'une façon terrible aussitôt que les Constituants eurent disparu de la scène politique. L'avénement de l'Assemblée législative marque le commencement de nos discordes intestines et de notre longue lutte contre l'Europe ; les clubs dictent les résolutions de la représentation nationale ; l'émeute ensanglante Paris le 20 juin, le 10 août, le 2 septembre ; dociles à ses lois, les membres de l'Assemblée suspendent le roi de l'exercice de ses fonctions, et une Convention nationale est convoquée. Que dire du gouvernement de la Convention, sinon que pendant trois ans il fit peser sur notre malheureux pays la plus sombre et la plus honteuse tyrannie ? Le règne de la terreur ! Voilà ce qui remplaça le règne de Louis XVI ! Des proscriptions perpétuelles, l'échafaud en permanence, la loi du maximum, les assignats, la banqueroute, l'insurrection de Lyon et de la

Vendée, la levée en masse des hommes valides, le culte de la déesse Raison : tel fut le régime auquel notre troisième Assemblée unique condamna la France !

Soutiendra-t-on que tous ces excès étaient inévitables, et qu'après des siècles d'une monarchie absolue, il était fatal qu'une révolution désordonnée éclatât? Il est en vérité trop commode d'expliquer ainsi les événements par la fatalité, de les présenter comme irrésistibles et de se dispenser d'en rechercher les causes et les origines. Mieux vaut proclamer que les hommes sont maîtres de leurs destinées, et qu'en politique leur sagesse peut leur éviter de cruelles épreuves, de même que de mauvaises institutions peuvent les en accabler. Eh bien! n'est-il pas évident que les violences révolutionnaires ont tenu en grande partie à ce que la Législative et la Convention étaient des pouvoirs sans contrepoids, de sorte qu'aucune résistance ne pouvait s'opposer à leurs résolutions même les plus fâcheuses, que nul contrôle ne les engageait à repousser les propositions les plus imprudentes, et que le sentiment de leur toute puissance les poussait à s'irriter des moindres obstacles et à les briser despotiquement? Il faut donc déplorer que la Constituante n'ait pas établi, à côté de la Chambre des représentants, une seconde Assemblée investie d'un pouvoir modérateur. Cette Assemblée, composée des illustrations de 1789, d'hommes sincèrement désireux de maintenir la liberté, d'assurer la prospérité publique et d'éviter l'anarchie, aurait sans nul doute déployé tout son zèle, usé de toute sa popularité pour sauver les réformes récemment obtenues, pour maintenir l'équilibre dans le gouvernement. Elle seule pouvait, par son légitime ascendant, empêcher l'application de théories trop démocratiques, fortifier la royauté menacée,

refréner les ambitions vulgaires et convaincre les citoyens que la modération est la seule voie qui convienne
à un grand peuple.

III

*Esprit de la Constitution de 1793 : elle proclame l'unité de
Chambre et le vote des lois par le peuple. — Elle est une applica-
tion littérale des théories de Rousseau. — Elle est suspendue aussitôt après sa promulgation. — Lassitude générale en 1795. — La
Constitution de l'an III établit deux Assemblées législatives. —
Rapport de Boissy d'Anglas. — Cambacérès, Daunou, etc., appuient
la division du pouvoir législatif : un seul conventionnel la combat. —
Organisation et attributions du Conseil des Anciens. — Critiques
auxquelles elles prêtaient. — Causes réelles de l'insuccès de la
Constitution directoriale et de la réussite du coup d'État du 18 brumaire.*

On sait que la Convention décréta deux Constitutions.
La première est celle du 24 juin 1793.

Elle fut adoptée à une époque où les législateurs semblaient atteints du même vertige démagogique qui s'était
emparé de la populace parisienne. Deux articles de la
déclaration des droits qui précède cette Constitution permettent d'en apprécier l'esprit. L'article 28 porte, en effet,
« qu'une génération n'a pas le droit d'assujettir à ses lois
les générations futures, » et l'article 35 proclame que
« quand le gouvernement viole les droits du peuple, l'in
surrection est le plus sacré des droits, et le plus indispensable des devoirs. »

Naturellement la Constitution de 93 ne pouvait manquer d'adhérer au principe de l'unité de Chambre. Aussi
l'article 93 dit-il « que le Corps législatif est un, indivisible et permanent. » Mais remettre la confection des lois

à des mandataires libres de voter suivant les seules inspirations de leur conscience et d'après leurs seules lumières, parut un étrange oubli des droits du peuple. On limita donc les pouvoirs des représentants à la proposition des lois, et on appela la nation entière à les ratifier. On organisa ce système de la manière suivante. Chaque projet de loi, après son adoption par le Corps législatif, devait être imprimé et envoyé à toutes les communes de la République, sous ce titre : loi proposée. Les assemblées primaires avaient quarante jours pour se réunir, examiner le projet et protester, si elles le jugeaient convenable, contre sa mise en vigueur. Si au bout du délai de quarante jours, dans la moitié des départements plus un, le dixième des assemblées primaires n'avait pas réclamé, la loi proposée devait devenir définitive. Si au contraire le dixième des assemblées primaires de la moitié des départements avait protesté, le Corps législatif devait convoquer de nouveau les électeurs, le peuple délibérait dans ses comices sur le projet de loi, et il votait par oui ou par non sur son acceptation ou son rejet. (Voir les articles 10, 19, 20, 53, 58, 59, 60, de la Constitution du 24 juin 1793.)

Tout insensées qu'elles puissent paraître, ces dispositions étaient une application littérale de certaines doctrines de Rousseau. On s'était souvenu qu'il avait écrit : « La souveraineté ne peut être représentée, par la même raison qu'elle ne peut être aliénée. Elle consiste essentiellement dans la volonté générale, et la volonté ne se représente point. Les députés du peuple ne sont donc pas et ne peuvent être ses représentants; ils ne sont que ses commissaires; ils ne peuvent rien conclure définitivement. Toute loi que le peuple n'a pas ratifiée en personne est nulle. » (*Contrat social*, liv. III, chap. 15.) La ratification des lois par le peuple est donc préconisée par le philosophe de Genève ; mais, pour être juste, il faut remarquer qu'il n'avait pas cru qu'elle pût jamais être pratiquée chez une grande nation. Il reconnaît, en effet, que les institutions démocratiques, telles qu'il les définit, ne seraient possibles que dans un Etat d'une médiocre étendue, où l'égalité des rangs fût ancienne, où les mœurs fussent simples, et où les ambitions, les convoitises particulières ne rencontrassent que peu d'aliments. Il fait même textuellement cet aveu : « S'il y avait un peuple parfait, il se gouvernerait démocratiquement. Un gouvernement si parfait ne convient pas à des hommes....... A prendre le terme dans la rigueur de l'acception, il n'a jamais existé de véritable démocratie, et il n'en existera jamais. Il est contre l'ordre naturel que le grand nombre gouverne et que le petit soit gouverné. » Si donc les révolutionnaires de la Convention s'étaient donné la peine de méditer le *Contrat social*, ils auraient découvert que le gouvernement direct du peuple n'est, aux yeux même de Rousseau, qu'un simple désideratum, et ils ne l'auraient pas introduit dans leur Constitution. Il est vrai que beaucoup d'entre eux la déclaraient d'avance inexécutable, et convaincus qu'elle serait uniquement un moyen solennel de manifeste leurs sentiments, n'hésitaient pas y laisser figurer les exagérations les plus grossières.

Ils ne se trompaient pas sur l'exécution qu'elle devait recevoir. Après avoir été soumis au mois de juillet à l'acceptation du peuple, l'acte constitutionnel du 24 juin fut, avant toute application, suspendu par les décrets des 10 octobre et 4 décembre 1793 (19 vendémiaire et 14 frimaire an II). Sous le prétexte que les dangers de la guerre étrangère et de la guerre civile ne permettaient

pas le fonctionnement régulier des institutions libres,
ces décrets déclarèrent que le gouvernement de la
France serait révolutionnaire jusqu'à la paix, placèrent
le conseil exécutif, les ministres, les généraux, les corps
constitués sous la surveillance du comité de salut public,
donnèrent les pouvoirs les plus étendus sur les personnes au comité de sûreté générale, supprimèrent les
conseils généraux des départements, remplacèrent dans
les communes et les districts les agents électifs par des
agents nationaux, etc. Bientôt après, le 22 prairial an II,
ces mesures furent complétées par la création du tribunal révolutionnaire. Que si l'on veut juger la véritable
œuvre constitutionnelle de 1793, c'est à ces trois décrets
des 19 vendémiaire, 14 frimaire et 22 prairial an II
qu'il faut se reporter; ils ont organisé la dictature de la
Convention et enlevé aux citoyens toute liberté. Quant à
l'acte du 24 juin, il convient de n'y voir qu'une ma-
nœuvre de parti, qu'une réclame démocratique, si l'on
peut s'exprimer ainsi : on y avait en théorie concédé au
peuple les droits les plus illimités, précisément parce
qu'on avait l'intention bien arrêtée de lui en refuser en
pratique l'exercice.

Les excès produisent toujours une réaction. Aussi la
France était-elle, en 1795, profondément dégoûtée du
régime sans nom qu'elle subissait depuis trois années.
La Convention était comme le pays revenue à des idées
plus saines; les ambitieux, les flatteurs de la multitude
qu'elle comptait en si grand nombre dans ses rangs,
avaient successivement employé les uns contre les autres
la prison, l'exil et l'échafaud, et peu à peu la confiance était
revenue aux hommes modérés. Elle sentait d'ailleurs
qu'elle avait prolongé aussi longtemps que possible ses
pouvoirs, que le moment était enfin venu de faire un ap-

pel aux électeurs, et dans ces conditions elle résolut d'adopter une nouvelle Constitution. Cette Constitution, qui fut promulguée le 5 fructidor an III, est connue sous le nom de Constitution directoriale, et quoique ses auteurs se soient souvent trompés, notamment en confiant le pouvoir exécutif à un comité de cinq membres, on leur doit cette justice qu'ils se sont efforcés de profiter des leçons fournies par les premières années de la révolution.

Laissant de côté les autres points réglés par l'acte du 5 fructidor, nous étudierons seulement de quelle façon il a organisé le Corps législatif. Il a divisé en deux assemblées le conseil des Anciens et le conseil des Cinq-cents. Les considérations qui en 1795 ont fait condamner par la Convention le système de l'unité de Chambre, ne peuvent manquer d'offrir un réel intérêt.

Boissy d'Anglas fut le rapporteur de la commission de Constitution. Son rapport, déposé à la séance du 5 messidor, dénote sur la question des deux Chambres une conviction profonde, ainsi qu'en fait foi le passage suivant : « Je m'arrêterai peu de temps à vous retracer les dangers inséparables de l'existence d'une seule Assemblée. J'ai pour moi votre propre histoire et le sentiment de vos consciences. Qui, mieux que vous, pourrait nous dire quelle peut être dans une seule Assemblée l'influence d'un individu? Comment les passions, les divisions, l'intrigue de quelques factieux, l'audace de quelques scélérats, l'éloquence de quelques orateurs, cette fausse opinion publique dont il est si aisé de l'investir, peuvent y exciter des mouvements que rien n'arrête, occasionner une précipitation qui ne rencontre aucun frein, et produire des décrets qui peuvent faire perdre au peuple son

bonheur et sa liberté, si on les maintient, et à la représentation nationale sa force et sa considération si on
les rapporte. Dans une seule Assemblée, la tyrannie ne
rencontre d'opposition que dans ses premiers pas; bientôt elle établit sur une base unique et solide le trône de
la terreur, et les hommes les plus vertueux ne tardent
pas à être forcés de paraitre sanctionner des crimes,
de laisser couler des fleuves de sang, avant de parvenir
à faire une heureuse conjuration qui puisse renverser le
tyran et rétablir la liberté. Il ne peut y avoir de Constitution stable là où il n'existe dans le Corps législatif
qu'une seule et unique Assemblée; car s'il ne peut y
avoir de stabilité dans les résolutions, il est bien évident
qu'il n'y en aura pas dans la Constitution qui leur servira
de base. » Le rapport continue encore quelque temps sur
ce ton, puis il s'attache à justifier du reproche d'aristocratie le conseil des Anciens, où ni la naissance ni la
fortune ne donneront le droit d'entrer comme dans une
Chambre de pairs, dont les membres seront électifs, et qui
ne se distinguera du Conseil des Cinq-cents que par le
nombre moins grand et l'âge plus élevé des citoyens
qui le composeront. Enfin il montre que la puissance législative des deux conseils doit être complétée et fortifiée
par la coopération libre et indépendante du pouvoir exécutif, et afin de convaincre la Convention, il ne recule
pas devant un argument d'une rude franchise : « L'indépendance du pouvoir exécutif ne doit vous causer aucune
méfiance. Autrefois le pouvoir exécutif était la force du
trône, aujourd'hui il sera celle de la République. Vous
l'avez toujours attaqué et affaibli, parce que vous vou-
liez renverser le trône qui nous menaçait. Aujourd'hui
vous devez le fortifier, puisque votre but n'est pas de
détruire, mais de conserver le gouvernement. »

La parole si ferme et si sensée de Boissy d'Anglas était faite pour produire une vive impression sur ses collègues. Néanmoins, elle n'eût pas été plus écoutée que celle de Mounier ou de Lally-Tollendal, si l'opinion publique n'avait pas eu, en l'an III, des idées toute différentes de celles de 1789, sur l'organisation du pouvoir législatif. Elle était heureusement, comme nous l'avons dit tout à l'heure, désabusée en ce point, et rien ne le prouve mieux que la discussion qui eut lieu au sein de la Convention au sujet de la division du Corps législatif en deux conseils. Elle n'occupa même pas deux séances entières, celles des 29 et 30 messidor (17 et 18 juillet), et il ne se trouva qu'un orateur, d'ailleurs inconnu, Deleyre, pour demander que la représentation nationale fût réunie en une seule assemblée. Dans son discours il développa trois arguments principaux : l'inutilité de créer deux conseils, alors « que les factieux s'étaient dévorés entre eux » et que le pays était décidé à ne plus supporter le despotisme de ses législateurs; le danger des rivalités qui ne tarderaient pas éclater entre les Anciens et les Cinq-Cents; enfin le caractère aristocratique que présenterait forcément la séparation du Corps législatif en deux branches. « L'établissement de deux chambres, s'écriait-il, est le vœu secret de tous nos ennemis, le vœu des rois, le vœu des nobles et des prêtres. Les deux chambres sont un séminaire d'aristocratie. La proposition des deux conseils cache à ses auteurs un germe de royalisme couvé par l'aristocratie. » Malgré sa véhémence, Deleyre paraît n'avoir eu aucun succès dans ses attaques contre l'avis de la commission de constitution, car personne ne releva ses objections, et tous les conventionnels qui parlèrent sur la question des deux chambres, Lakanal, La Reveillère-Lepaux, Cambacérès, Daunou, etc., adhérèrent plei-

nement à l'établissement des deux conseils des Anciens
et des Cinq-Cents. Ils n'élevèrent contre leur composition
et leurs attributions que des objections de détail qu'il
n'y a pas lieu de reproduire.

En divisant le Corps législatif, la Convention ne se proposait qu'un but : celui d'assurer aux décisions du législateur plus de maturité, de les soustraire aux entraînements irréfléchis, grâce à l'examen successif de deux
assemblées et à la nécessité d'une entente complète entre
elles. Elle craignait d'un autre côté d'amener de graves
conflits entre les deux chambres, si elles ne les unissait
pas, en quelque sorte, dans une communauté d'origine
et de sentiments. De là vint l'organisation que la Constitution de l'an III donna aux conseils des Anciens et des
Cinq-Cents. L'un et l'autre durent être nommés par les
mêmes électeurs et renouvelés chaque année par tiers. Mais
tandis que le second conseil comptait cinq cents membres
et qu'on pouvait y entrer sans être chef de famille et à
l'âge de trente ans, le conseil des Anciens ne fut composé
que de deux cent cinquante membres, et ceux-ci durent
être mariés ou veufs et âgés d'au moins 40 ans. Le rôle
des Anciens devant être essentiellement modérateur,
l'initiative des lois ne leur appartenait pas, et ils n'avaient
que le droit d'approuver ou de rejeter dans leur ensemble
les résolutions du conseil des Cinq-Cents; les projets de
lois repoussés par eux ne pouvaient plus leur être repré-
sentés qu'après une année révolue. Ils n'avaient de pouvoir propre que pour changer la résidence du Corps législatif; en ce cas, ils étaient chargés d'indiquer le
nouveau lieu de ses séances et l'époque à laquelle les
deux conseils seraient tenus de s'y rendre (1). Cette der-

(1) Voir Const. 5 fruct., an III, art. 44, 73, 74, 76, 82, 83, 86, 95,
99, 102.

nière disposition avait été inspirée par la haine de la triste domination exercée à tant de reprises par la démagogie parisienne sur la Législative et la Convention ; on sentait le besoin d'avertir les meneurs de la populace que les législateurs de la France auraient à l'avenir le moyen d'échapper à leurs violences, et, pour plus de sûreté, on avait confié à celui des deux conseils qui paraissait offrir le plus de garantie, le droit d'assigner, si cela devenait nécessaire, une nouvelle résidence au Corps législatif.

La première fois qu'on adopta en France le système des deux chambres, on n'en fit, il faut en convenir, qu'une application assez maladroite. En ne donnant pas aux Anciens un mandat d'une plus longue durée qu'aux membres du Conseil des Cinq-Cents, on les empêchait d'acquérir plus d'expérience et plus d'autorité, en même temps qu'on les engageait à se préoccuper, dans l'intérêt de leur réélection, des exigences de l'opinion autant que leurs collègues de l'autre Conseil. Leur mode de renouvellement n'était bon qu'à entretenir dans le pays la fièvre électorale et à faire sortir les Anciens du même courant d'idées que les Cinq-Cents. Quant à l'obligation imposée aux membres du Conseil des Anciens d'être âgés de 40 ans et d'être mariés ou veufs, c'était une garantie singulièrement illusoire. D'une part, en effet, toutes nos assemblées politiques ont été composées en majorité d'hommes ayant plus de 40 ans, ce qui n'en a pas empêché plusieurs d'être extrêmement violentes ; et d'autre part, il n'y a que trop d'ambitieux dont l'âge semble exagérer plutôt qu'atténuer la passion. Enfin en refusant aux Anciens l'initiative des lois et le droit de modifier les articles des projets de lois adoptés par les Cinq-Cents, on condamnait les premiers à un rôle secondaire et on leur enlevait beaucoup de crédit sur l'opinion publique.

Quoi qu'il en soit, la nécessité d'établir deux chambres, sentie par la plus tyrannique des assemblées uniques que nous ayons subies, est un fait considérable, et il faut louer la Convention d'avoir, au terme de sa carrière, divisé le Corps législatif en deux sections chargées de s'éclairer et de se contrôler réciproquement. Pendant tout le temps que fonctionna la constitution de l'an III, les deux conseils délibérèrent côte à côte en bonne intelligence, et il ne se produisit pas entre eux de désaccord grave. Malheureusement de nombreux ferments de discorde subsistaient en France ; les partis avaient toujours les mêmes ardeurs et le même mépris de la loi ; les complications extérieures se joignaient aux inquiétudes intérieures et aux plus graves embarras financiers ; la guerre civile continuait de sévir dans les départements de l'ouest ; le pouvoir exécutif, divisé et le plus souvent exercé par des hommes sans talents supérieurs ou sans moralité, montrait dans tous ses actes une déplorable faiblesse, et mécontents des Directeurs, mais incapables de leur imposer une politique nette, les deux Conseils ne faisaient qu'ajouter au trouble général. Dans ces conditions, on sait à quel point de déconsidération tomba le gouvernement du Directoire, et avec quels transports le pays salua sa chute comme une délivrance.

Certains écrivains prétendent que le Coup d'État du 18 brumaire a dû en partie son succès à l'esprit d'opposition du conseil des Anciens contre celui des Cinq-Cents, et ils en concluent que la division du Corps législatif est dangereuse pour la liberté d'un peuple. Il importe de protester contre leur allégation et de montrer qu'elle est contraire à la vérité historique. Si, en effet le Directoire a été renversé aussi facilement dans la journée du 9 no-

vembre 1799, il faut l'attribuer à ce que les récentes dé-
faites de nos armées en Italie et en Allemagne, à Feldkirch,
à Cassano, sur la Trebbia, à Novi, à Manheim, avaient
excité le sentiment patriotique contre le gouvernement ;
à ce que les victoires lointaines du général Bonaparte aux
Pyramides, à El-Arich, au Mont-Thabor, à Aboukir et son
heureux retour d'Egypte malgré les croisières anglaises,
semblaient désigner le jeune vainqueur de Castiglione,
d'Arcole et de Rivoli comme l'homme providentiel qui
seul pouvait sauver la France ; enfin et surtout, à ce que
le Directoire, menacé dans son existence par les Conseils,
résolut de les soumettre à sa volonté, et grâce au crédit
que ses principaux membres, Sieyès et Roger-Ducos,
exerçaient, sur le Corps législatif, parvint à faire proclamer le Gouvernement consulaire aussi bien par les Cinq-
Cents que par les Anciens. La prétendue rivalité de ces
deux assemblées n'a donc été pour rien dans l'heureuse
réussite du Coup d'état opéré le 18 brumaire ; il faut en
voir les causes dans la lassitude du pays après dix années
de révolutions, dans le dégoût que la licence lui avait
donné pour la liberté, dans son mépris pour un gouvernement qui ne savait pas assurer l'ordre à l'intérieur et
qui laissait battre nos armées à l'étranger, dans l'esprit
de révolte des dépositaires du pouvoir exécutif, et dans
l'enthousiasme des citoyens pour un glorieux soldat.

IV

La constitution de l'an VIII, quoique préparée par Sieyès, est toute favorable au pouvoir exécutif. — Elle répartit l'action législative entre le Conseil d'Etat, le Tribunat, le Corps législatif et le Sénat, et place tous ces corps sous la dépendance du gouvernement. — Changements apportés par les sénatus-consultes de l'an X, de l'an XII et de 1807. — D'accord avec B. Constant, Napoléon admet en 1815 que la première Chambre doit être héréditaire. — Organisation et attributions de la hambre des pairs, d'après l'Acte additionnel. — Vive opposition que soulève l'hérédité de la pairie.

La constitution de l'an III une fois détruite, il s'agissait de lui en substituer une autre le plus promptement possible, et deux commissions législatives de vingt-cinq membres chacune, choisies dans le Conseil des Anciens et dans celui des Cinq-cents, avaient en effet été adjointes aux trois consuls provisoires Bonaparte, Sieyès et Roger-Ducos, pour en préparer une. Chacun sait que c'est le consul Sieyès qui fut chargé d'arrêter un plan de constitution, pendant que le général Bonaparte gouvernait.

« De tout côté on regardait celui-ci comme l'homme auquel la nouvelle constitution devait attribuer la plus grande part du pouvoir exécutif. On ne voulait pas d'un Cromwell, il faut le reconnaître à l'honneur des honnêtes gens de ce temps-là : et les amis du général disaient tout haut que les rôles de Cromwell, de César, étaient des rôles usés, indignes du génie et des vertus du jeune sauveur de la France. On voulait qu'une concentration suffisante de l'autorité dans ses mains, avec certaines garanties pour la liberté, lui permit de gouverner la république heureusement et grandement. C'était là le vœu des révolutionnaires modérés, alors les plus nombreux. Les révolutionnaires exaltés, s'obstinant à voir dans le jeune général un Cromwell et un César, désiraient cependant, pour garantir leurs têtes ou leurs biens nationaux, qu'il eût le temps d'éloigner les Bourbons et les Autrichiens. Les royalistes lui demandaient de les sauver des révolutionnaires, et de reconstituer le pouvoir; ils n'étaient pas même sans quelque vague espérance qu'il le leur rendrait, après l'avoir reconstitué; et ils étaient en ce cas disposés à lui en payer la restitution, fût-ce du rôle de connétable de Louis XVIII, s'il le fallait. Ainsi tout le monde lui accordait la suprême puissance, plus ou moins complètement, pour plus ou moins longtemps, et dans des vues différentes (1). » Aussi lorsque Sieyès, qui suivant l'expression de M. Thiers, « était un législateur dogmatique, travaillant pour la nature des choses, au moins comme il l'entendait, et non pour les circonstances, encore moins pour un homme, quel qu'il pût être, » eut produit une œuvre savante et compliquée, dans laquelle des précautions infinies étaient prises autant contre l'arbitraire du pouvoir exécutif que contre la toute puissance du peuple, son projet fut-il remanié au profit du général Bonaparte, et on n'en laissa intacte que la partie qui restreignait la participation de la nation aux affaires publiques.

Telle qu'elle a été adoptée le 22 frimaire an VIII, par les deux commissions législatives dont il a été parlé plus haut, la constitution consulaire offre ceci de remarquable qu'elle garde certaines apparences libérales, tout en organisant le pouvoir central avec une force immense et en lui accordant les droits les plus étendus. Ainsi, en ce qui concerne le pouvoir législatif, elle établit deux chambres, appelées Tribunat et Corps législatif, et composées l'une

<hr>

(1) Thiers, Histoire du Consulat et de l'Empire, t. I, p. 14.

et l'autre de membres choisis par le Sénat sur la liste des notabilités nationales. Elle crée un Conseil d'Etat, dont la mission est de rédiger, sous la direction des consuls, les projets de lois et d'en soutenir la discussion devant le le Corps législatif et le Tribunat. Elle veut que les lois soient examinées successivement par le Tribunat et le Corps législatif. Enfin elle place au-dessus des deux chambres, et au-dessus du gouvernement lui-même, le Sénat conservateur, sorte de magistrature politique. Ce corps, chargé de maintenir ou d'annuler tous les actes qui lui sont déférés comme inconstitutionnels par le Tribunat ou par le Gouvernement, et d'élire dans la liste nationale les législateurs, les tribuns, les consuls, les juges de cassation et les commissaires à la comptabilité, est composé de membres inamovibles et à vie, âgés de 40 ans au moins, inéligibles à toute autre fonction publique et largement rétribués. Il se recrute lui-même, et choisit pour chaque place de sénateur entre trois candidats présentés, le premier par le Corps législatif, le second par le Tribunat, et le troisième par le premier consul.

Ces diverses dispositions paraissent dictées par un véritable esprit de sagesse et d'impartialité, mais il y en a d'autres qui les rendent vaines ou qui du moins les altèrent profondément. En effet l'initiative des lois n'appartient qu'au gouvernement; le Tribunat délibère sur les projets de lois, mais il n'a pas le droit de les voter; le Corps législatif les adopte ou les rejette après avoir entendu les discours des orateurs du Tribunat et du Conseil d'état, mais il n'est pas permis à ses membres de présenter la moindre observation; la liste nationale, de laquelle sortent les tribuns et les législateurs, résulte d'une élection tellement indirecte que la masse des citoyens est en réalité totalement étrangère à la composition du Tribunat et du Corps législatif, car la liste nationale est dressée par des électeurs qui ont été désignés par d'autres électeurs, choisis eux-mêmes par les citoyens de chaque commune; enfin comme le Sénat nomme aux plus hautes fonctions, on a soin d'en faire nommer pour la première fois la majorité par les consuls Cambacérès et Lebrun, et par les consuls sortants Sieyès et Roger-Ducos, ce qui garantit au gouvernement que le Sénat sera à sa dévotion (1).

En vertu de la constitution de l'an VIII, le pouvoir législatif se trouva donc partagé entre trois chambres ou plutôt entre quatre corps, le Conseil d'Etat, le Tribunat, Corps législatif et le Sénat. Directement ou indirectement, tous quatre étaient à la nomination du gouvernement, et aucun d'eux ne possédait l'ensemble des droits qui sont nécessaires pour légiférer. Qu'on veuille bien en effet le remarquer, l'initiative des lois était réservée aux consuls, leur rédaction au Conseil d'Etat, leur discussion au Tribunat, leur vote au Corps législatif, et l'examen de leur constitutionnalité au Sénat. Un tel fractionnement des attributions législatives, joint au mode de recrutement des corps délibérants, ne pouvait aboutir qu'au despotisme, et le seul enseignement à en tirer est que l'abus de la liberté fait acclamer la servitude : la constitution du 5 fructidor an III, n'avait été ratifiée que par neuf cent mille suffrages, celle du 22 frimaire an VIII fut votée par plus de trois millions de voix !

Les auteurs de la Constitution de l'an VIII se vantaient dans le préambule qui la précédait, de l'avoir fondée « sur les vrais principes du gouvernement représentatif, sur les droits sacrés de la propriété, de l'égalité, de la li-

(1) Voir constit. 22 frim. an VIII, art. 7, 8, 9, 13, 16, 18-23, 28, 31, 41, 52, 53

berté. » En dépit de cette affirmation, il est certain que l'étude de l'organisation donnée sous le Consulat et sous l'Empire aux assemblées qui participaient à la puissance législative, ne présente qu'un très-faible intérêt pour les esprits libéraux. Le rôle prépondérant du Conseil d'Etat dans la confection des lois, les empiétements et la docilité du Sénat, la position tout à fait secondaire des tribuns et des députés, sont trop connus pour que nous y insistions. Il nous suffira de rappeler que le sénatus consulte du 16 thermidor an X (4 août 1802) chargea le Sénat de régler la constitution des colonies, tout ce qui n'avait pas été prévu par la constitution et était nécessaire à sa marche, d'expliquer ceux de ses articles susceptibles de plusieurs interprétations, d'annuler les jugements des tribunaux attentatoires à la sûreté de l'Etat, de dissoudre le Corps législatif et le Tribunat, etc., et autorisa le premier consul à nommer directement sénateurs des citoyens distingués par leurs services et leurs talents (voir art. 54, 55, 63) ; puis, que le sénatus-consulte du 19 août 1807 supprima le Tribunat, déjà réduit par le sénatus-consulte du 28 floréal an XII (18 mai 1804) à ne plus être qu'une sorte d'annexe du Conseil d'Etat (voir art. 93-97). Pendant les dernières années de l'Empire, il n'y eut plus en conséquence que deux assemblées, le Corps législatif et le Sénat. Mais le Corps législatif, dont les membres continuaient d'être choisis par le Sénat parmi des candidats présentés en nombre triple par les collèges électoraux de département et d'arrondissement (voir sénatus-consulte, 16 thermidor an X, art. 32 et 59), n'était pas une représentation nationale sérieuse. Quant aux sénateurs, Napoléon les avait en vain comblés de titres et de dotations, il leur avait en vain confié la belle mission de veiller à la liberté individuelle et à la liberté de la presse (sén.-cons. 28 flor.

an XII, art. 60-67) : ils ne surent qu'obéir au maître, et n'acquirent pas sur le pays le prestige qui s'attache à de grandes situations, quand elles sont anciennes et conformes aux mœurs.

Pour en finir avec ce qui concerne le premier empire, il vaut mieux, avant d'aborder l'examen de la Charte de 1814, exposer l'organisation nouvelle donnée au pouvoir législatif par l'acte additionnel du 22 avril 1815.

Après son retour de l'île d'Elbe, « où comme dans un tombeau, disait-il, il avait pu entendre la voix de la postérité, » Napoléon sentait et avouait l'inanité de ses anciens rêves de domination européenne, ainsi que les dangers pour sa patrie et pour lui-même de son absolutisme passé. Ses intentions comme ses paroles étaient pleines de libéralisme, et il était résolu, avant d'entamer une gigantesque lutte contre toutes les puissances du continent, à doter la France d'une constitution qui satisfit pleinement l'opinion publique alors très-libérale. Il confia donc à Benjamin Constant le soin de préparer un projet de constitution, et il en discuta avec lui les différents points. Tous-deux furent d'accord pour faire élire la Chambre des députés par les collèges électoraux d'arrondissement et de département : quant à la composition de la Chambre haute, elle motiva leurs plus sérieuses méditations.

« M. Benjamin Constant, sans être absolument fixé, inclinait vers une pairie héréditaire. Il regardait cette institution comme celle qui, dans la composition d'une Chambre haute, offrait le plus heureux mélange de gravité et d'indépendance d'esprit. Napoléon, en étant de cet avis plus que M. Benjamin Constant lui-même, répugnait cependant à introduire l'hérédité dans la nouvelle constitution. Avec son langage si net et si heureusement figuré, il faut, disait-il, une aristocratie, et il la faut surtout dans un état libre, où la démocratie a toujours une influence prépondérante. Un gouvernement qui essaie de se mouvoir dans un seul élément est comme un ballon dans les airs, inévitablement emporté dans la direction où soufflent les vents. Au contraire, celui qui est placé entre deux éléments et peut se servir de l'un ou de l'autre à son gré, n'est point asservi. Il est comme un vaisseau qui est porté sur les flots, et qui n'use des vents que pour marcher : le vent le pousse, mais ne le domine pas. — On ne pouvait rendre sous une forme plus ingénieuse une pensée plus profonde. Mais tout en pensant de la sorte, Napoléon craignait, dans l'état des choses, de ne pouvoir se servir utilement de ce qu'il y avait d'aristocratie en France. — L'ancienne noblesse est contre moi, disait-il, et la nouvelle est bien nouvelle. D'ailleurs, nous avons un peuple plein de préventions contre la noblesse héréditaire (1). » Pendant quelque temps, l'empereur hésita pour ces motifs à admettre l'hérédité de la pairie. Néanmoins il finit par se raviser « à l'égard d'une raison qui l'avait fort préoccupé, c'était la difficulté d'utiliser l'aristocratie dans l'état présent de la France. Il dit qu'après deux ou trois batailles gagnées, s'il les gagnait, après la paix conclue, s'il parvenait à la conclure, l'ancienne noblesse reviendrait probablement à lui comme elle l'avait déjà fait, et que la pairie héréditaire serait pour elle un appât beaucoup plus puissant que le Sénat ; qu'il aurait donc ainsi le moyen de la rallier, et que les deux noblesses, ancienne et nouvelle,

(1) Thiers, Histoire du Consulat et de l'Empire, t. 19, p. 431.

fondues l'une avec l'autre, finiraient peut-être par composer un corps aristocratique assez imposant (1). »

L'Acte additionnel aux constitutions de l'empire stipule en conséquence que le pouvoir législatif est exercé par l'empereur et par deux chambres ; que la première chambre, nommée Chambre des pairs, se compose de membres nommés, sans limitation de nombre, par l'empereur ; que ces membres sont irrévocables, eux et leurs descendants mâles, d'aîné en aîné en ligne directe, qu'ils prennent séance à vingt-un ans, et que les membres de la famille impériale, dans l'ordre de l'hérédité, sont pairs de droit ; que la seconde Chambre, nommée Chambre des représentants, est élue par le peuple ; que la qualité de pair ou de représentant est compatible avec toute fonction publique ; que les Chambres n'ont pas l'initiative des lois, mais qu'elles peuvent proposer des amendements et inviter le gouvernement à présenter une loi sur un objet déterminé ; enfin que les projets de lois peuvent être soumis en premier lieu à l'une ou à l'autre Chambre indifféremment, sauf les projets relatifs à des impôts, à des emprunts ou à des levées d'hommes, lesquels ne peuvent être proposés qu'à la Chambre des représentants (2).

Si cette constitution avait été accordée plus tôt à la France, elle lui eût sans doute épargné d'incalculables malheurs. Le Sénat et le Corps législatif n'auraient pas favorisé par une longue servilité les écarts les plus insensés de l'ambition impériale, et Napoléon, obligé de compter avec deux assemblées indépendantes, aurait suivi une politique moins aventureuse. Mais « en politique, comme en toutes choses, il ne suffit pas que les remèdes soient bons, il faut qu'ils soient appliqués à temps.... Jamais la liberté

(1) Thiers, Cons. et Emp., t. 19, p. 437.
(2) Acte du 22 avril 1815, art. 2, 3, 5, 6, 7, 17, 23, 24, 31

n'avait été plus complétement donnée à la France que dans l'Acte additionnel, et cependant jamais elle ne fut plus mal reçue. Les hommes, vieux ou jeunes, qui après un long sommeil de l'esprit public étaient revenus à l'amour de la liberté, avaient tous une manière différente de l'entendre, l'expérience ne les ayant pas encore amenés à un système commun..... Les uns en ne trouvant pas dans l'acte additionnel la république ou à peu près, les autres en y trouvant deux Chambres, furent exaspérés; tous furent révoltés en y trouvant une Chambre héréditaire, et cette disposition, comme l'avait prévu Napoléon, devint une cause de réprobation générale. » (Thiers, *Consulat et Empire*, t. XIX).

Malgré le peu de succès de l'acte additionnel et son peu de durée, il faut néanmoins se souvenir que les deux grands esprits auxquels il est dû, avaient pensé que l'établissement d'une chambre haute fortement constituée était nécessaire à la marche régulière d'un gouvernement libéral.

V

La Constitution votée par le Sénat en 1814 établit deux Chambres, dont l'une héréditaire. — Organisation et attributions que la Charte de 1814 donne à la Chambre des pairs. — Deux ordonnances de 1815 et de 1817 établissent l'hérédité de la pairie et exigent la constitution de majorats. — Afin que la Chambre haute devînt une puissante institution, la Restauration se proposait de créer une véritable aristocratie. — Motifs pour lesquels Manuel et B. Constant étaient favorables à l'hérédité de la pairie. — Constante impopularité que rencontre néanmoins cette mesure : ses partisans finissent par reconnaître l'impossibilité de fonder en France un corps aristocratique. — Charles X a le tort d'abuser du droit illimité de nommer de nouveaux pairs.

Si jamais corps politique joua un rôle servile, c'est assurément le Sénat lors du triomphe des souverains alliés en 1814. Oublieux des bienfaits qu'il avait reçus de Napoléon, il n'hésita pas à prononcer le 3 avril sa déchéance en termes outrageants, et, comme s'il n'avait pas les plus graves reproches à se faire à lui-même pour n'avoir jamais osé élever la voix quand il en était temps encore, il l'accusa d'avoir établi abusivement des impôts, d'avoir entrepris sans le consentement de la nation une série de guerres, d'avoir amené la ruine des villes et la dépopulation des campagnes. Les dernières résolutions d'une pareille assemblée ne peuvent donc avoir qu'une faible autorité aux yeux de la postérité. Néanmoins nous ne saurions passer sous silence que le 6 avril le Sénat vota une constitution qui rappelait librement au trône, sous le titre de roi des Français, Louis-Stanislas-Xavier, frère de Louis XVI; établissait des ministres responsables; créait deux Chambres, l'une héréditaire, l'autre élective; attribuait au roi la nomination des membres de la première, et partageait le pouvoir législatif entre le roi et les deux Chambres. Cette constitution, inspirée en grande partie M. de Talleyrand, ne fut pas reconnue, on le sait, par Louis XVIII; mais il déclara solennellement, avant son entrée à Paris, qu'il en admettait les principes.

Ainsi dès les premiers jours, le gouvernement restauré des Bourbons promettait d'être une monarchie modérée, ou comme on disait à cette époque, une royauté à l'anglaise.

Tel était le vœu de l'immense majorité des hommes éclairés, et il n'y avait que les ultra-royalistes qui déplorassent les concessions faites par Louis XVIII à l'esprit libéral. Il n'est pas besoin de rappeler que les espérances qu'avaient fait concevoir les sages intentions du roi furent bientôt réalisées par la Charte constitutionnelle, dont le 4 juin il « fit concession et octroi à ses sujets, volontairement et par le libre exercice de son autorité royale, » ainsi que le portait le préambule de cet acte.

La Charte de 1814 établit deux Chambres, la Chambre des pairs et la Chambre des députés. Elle proclame que la première « est une portion essentielle de la puissance législative. » (art. 24). Elle lui reconnaît le droit de voter librement les lois, ce qui est interprété en ce sens qu'elle peut les modifier au moyen d'amendements (art. 18); elle autorise le gouvernement à lui soumettre directement les projets de lois avant de les envoyer à la chambre des députés, excepté la loi de l'impôt, qui doit être d'abord examinée par celle-ci (art. 17); sans lui donner le droit absolu d'initiative, elle lui concède « la faculté de supplier le roi de proposer une loi sur quelque objet que ce soit, et d'indiquer ce qu'il lui paraît convenable que la loi contienne » (art. 19); elle déclare que les citoyens pourront lui adresser par écrit des pétitions (article 53); enfin elle ouvre à ses membres l'entrée du ministère (art. 54).

Ces divers pouvoirs placent les deux chambres sur un pied parfait d'égalité; en outre l'établissement et la pratique de la responsabilité ministérielle leur permettent d'exercer par des interpellations, des ordres du jour motivés, des adresses, une influence égale sur le choix des ministres et sur la conduite journalière des affaires politiques. La chambre des pairs reçoit même un ordre d'attributions important, au partage duquel la seconde assemblée n'est pas admise : elle est chargée de connaître des crimes de haute trahison et des attentats à la sûreté de l'État (art. 33). Comme Cour de justice, elle est également investie de la mission de juger les ministres accusés par la Chambre des députés de trahison ou de concussion (art. 55 et 56,)

Quant à l'organisation de la Chambre des pairs, la nomination de ses membres appartient au roi et leur nombre n'est pas limité. Ils peuvent être nommés à vie ou héréditairement (art. 27). Les membres de la famille royale et les princes du sang sont pairs par droit de naissance (art. 30). Ils ont voix délibérative à vingt-cinq ans, tandis que les autres pairs n'ont entrée à la Chambre qu'à vingt-cinq ans et n'ont voix délibérative qu'à trente ans (art. 28.)

Ce système fut bientôt modifié et complété en un point essentiel. Après les Cent jours, « convaincu que rien ne consolide plus le repos des États que cette hérédité des sentiments qui s'attache dans les familles à l'hérédité des hautes fonctions publiques, et qui crée ainsi une succession non interrompue de sujets dont la fidélité et le dévouement au prince et à la patrie sont garantis par les principes et les exemples qu'ils ont reçus de leurs pères (1), » Louis XVIII rendit la célèbre ordonnance du 19 août 1815. Cette ordonnance décida qu'il ne serait plus créé de pairs à titre viager, et institua l'hérédité de la pairie, de mâle en mâle, par ordre de primogéniture, au bénéfice des pairs en exercice et de ceux qui seraient nommés postérieurement. Elle ajouta que les lettres-patentes de nomination porteraient toutes collation d'un titre nobiliaire, baron, vicomte, comte, marquis ou duc.

Puis, en vertu d'une autre ordonnance du 25 août 1817, nul ne peut être élevé à la pairie qu'après avoir institué un majorat, en biens immeubles libres de tous priviléges et hypothèques ou en rentes sur l'État immobilisées. Les ecclésiastiques appelés à la pairie furent seuls dispensés

---

(1) Extrait du préambule de l'ordonnance.

de l'obligation de constituer des majorats. Il y eut trois classes de majorats; ceux attachés au titre de duc devaient être composés de biens produisant au moins trente mille francs de revenu net; ceux attachés aux titres de marquis et de comte ne pouvaient s'élever à moins de vingt mille francs de revenu net; et ceux attachés aux titres de vicomte et de baron devaient rapporter net dix mille francs au minimum chaque année.

Le gouvernement de la Restauration prit de la sorte les mesures qui paraissaient le plus propres à faire de la pairie une puissante institution. Non content d'établir législativement la Chambre des pairs l'égale de la Chambre des députés, de lui accorder par conséquent sur la confection des lois et sur la direction générale des affaires publiques une influence aussi grande que celle assurée à la Chambre élective, il s'efforça de procurer à chacun de ses membres une haute situation personnelle. L'hérédité de la pairie lui parut en effet de nature à convaincre la nation de la complète indépendance avec laquelle les pairs pourraient exercer leurs fonctions; la collation de titres nobiliaires à tous les pairs eut pour but de distinguer ceux-ci de la foule des autres citoyens, et de rehausser l'éclat de la noblesse par l'incorporation dans ses rangs des hommes éminents d'origine roturière, comme cela se passe en Angleterre; enfin on pensa avec raison qu'à une époque où la richesse était devenue une puissance et où la division des héritages entamait sans cesse les patrimoines, il était nécessaire d'adopter une mesure qui assît sur des bases solides la fortune des pairs, et on ne voulut pas qu'ils eussent moins d'un certain revenu, établi en fonds de terre ou en rentes sur l'Etat, afin de soutenir dignement leur rang et de maintenir leur crédit.

Ces différentes dispositions étaient, il faut le reconnaitre, très-sérieusement conçues et bien combinées en vue du but qu'on se proposait d'atteindre, à savoir la création d'une aristocratie non privilégiée. Nous disons la création, car l'ancienne aristocratie avait disparu en 1789, et la noblesse impériale n'était pas prise au sérieux. Eh bien ! le gouvernement de Louis XVIII se rendait compte que la tentative de faire surgir une aristocratie viable dans un pays aussi égalitaire que la France n'avait chance de réussir que si on ne s'arrêtait pas à des demi-mesures ; il entendait donc ne rien négliger de ce qui pouvait consacrer l'influence réelle de la Chambre haute, lui rendre applicables autant que possible les institutions de la pairie anglaise, la soustraire à toute jalousie démocratique en ayant soin de la priver de priviléges pécuniaires ou autres, et il espérait parvenir ainsi à placer entre la couronne et l'assemblée nommée par le corps électoral, un corps intermédiaire doué d'assez de vitalité, d'assez de dévouement pour être un jour le ferme défenseur de la Charte constitutionnelle, un rempart efficace pour le trône menacé par les partis anarchiques. La simple existence d'une Chambre ne contenant que des pairs à vie et par suite se rapprochant beaucoup de l'ancien Sénat de l'empire, ne lui avait inspiré aucune confiance, et il avait considéré une pareille Chambre comme incapable de jamais jouer un rôle utile, en cas d'empiétements sur l'autorité royale de la part des députés.

Chose remarquable ! Les chefs de l'opinion libérale, tels que Manuel et Benjamin Constant, encouragèrent la Restauration à rendre la pairie héréditaire. A la vérité, le mépris qu'on avait alors pour le Sénat à vie de Napoléon suffisait pour faire désirer à quelques-uns une pairie héréditaire : mais d'autres en étaient les partisans éclairés. Ainsi Benjamin Constant écrivait au mois de mai 1814 dans son *Esquisse de Constitution :*

« Dans une monarchie héréditaire, l'hérédité d'une classe est indispensable... Pour que le gouvernement d'un seul subsiste sans classe héréditaire, il faut que ce soit un pur despotisme... Les éléments du gouvernement d'un seul, sans classe héréditaire, sont : un homme qui commande, des soldats qui exécutent, un peuple qui obéit. Pour donner d'autres appuis à la monarchie, il faut un corps intermédiaire. Montesquieu l'exige même dans une monarchie élective... Ceux qui disputent l'hérédité à la première chambre voudraient-ils laisser subsister la noblesse à côté et à part de cette première chambre, et créer celle-ci seulement à vie? Mais que serait une noblesse héréditaire sans fonctions à côté d'une magistrature à vie revêtue de fonctions importantes? Ce qu'était la noblesse en France dans les dernières années qui ont précédé la Révolution ; et c'est précisément ce qui a préparé sa perte... Ce n'était point un corps intermédiaire qui maintint le peuple dans l'ordre, et qui veillât sur sa liberté; c'était une corporation sans base et sans place fixe dans le corps social. Toute corporation politique a besoin dans notre siècle de se rattacher à des prérogatives constitutionnelles et déterminées. La pairie, si on fait choix de ce nom pour désigner la première Chambre, la pairie sera une magistrature en même temps qu'une dignité; elle sera moins exposée à être attaquée, et plus susceptible d'être défendue. — Remarquez de plus que, si cette première Chambre n'est pas héréditaire, il faudra déterminer un mode d'en renouveler les éléments. Sera-ce la nomination du roi? Une Chambre nommée à vie par le roi sera-t-elle assez forte pour contrebalancer une autre Assemblée émanée de l'élection populaire?

Dans la pairie héréditaire, les pairs deviennent forts de l'indépendance qu'ils acquièrent immédiatement après leur nomination ; ils prennent aux yeux du peuple un autre caractère que celui de simples délégués de la couronne. »

La gravité de ces considérations est incontestable, et on conçoit qu'un gouvernement qui aspirait à maîtriser la Révolution non moins qu'à fonder la liberté en France, ait cherché à s'appuyer sur l'aristocratie et à la fortifier. Malheureusement le temps et les mœurs fondent seuls l'aristocratie. Aussi, malgré l'indépendance que montra la Chambre des pairs en plusieurs circonstances, malgré la sorte de popularité dont elle jouit par moments, malgré les talents et les lumières de beaucoup de ses membres, le publiciste que nous venons de citer écrivait il en 1829 :

« De toutes nos institutions constitutionnelles, la pairie héréditaire est peut-être la seule que l'opinion repousse avec une persistance que rien n'a pu vaincre jusqu'ici. Toutes les fois qu'elle retrouve la liberté de se faire entendre, ou qu'elle ressaisit l'espérance de voir cette institution modifiée, elle s'exprime contre tous les privilèges héréditaires avec une force et une unanimité qu'on ne saurait méconnaître... Je ne puis nier que, spéculativement parlant, des considérations qui se sont graduellement offertes à mon esprit, et des réflexions que m'ont suggérées beaucoup d'expériences, ne m'aient jeté dans une grande incertitude, moins peut-être sur la nécessité que sur la possibilité de la pairie. Avec notre disposition nationale, notre amour pour l'égalité presque absolue, la division de nos propriétés, leur mobilité perpétuelle, l'influence toujours croissante du commerce, de l'industrie et des capitaux en portefeuille, devenus des éléments .

aussi nécessaires à l'ordre social actuel, et sûrement des appuis plus indispensables aux gouvernements que la propriété foncière elle-même, une puissance héréditaire qui ne représente que le sol, qui repose sur la concentration du territoire dans les mains d'un petit nombre, a quelque chose qui est contre nature. La pairie quand elle existe peut subsister, et on le voit bien, puisque nous en avons une; mais si elle n'existait pas, je la soupçonnerais d'être impossible. »

Il faut donc en convenir, l'expérience tentée par les Bourbons pour protéger le trône au moyen d'une assemblée aristocratique a complètement échoué. Les sentiments démocratiques du pays ne lui permettaient pas de réussir; mais les fautes de Charles X et de ses ministres ont contribué aussi à son insuccès. Afin de créer dans la Chambre des pairs une forte majorité anti-libérale, le roi éleva le 5 novembre 1827 soixante-seize personnages à la pairie en une seule promotion. Cet abus du droit illimité de nomination des pairs, que la Charte avait concédé au roi, porta à la Chambre haute un coup dont elle ne se releva pas, et l'opinion ne la considéra plus dès lors que comme un instrument destiné à tenir en échec les volontés de l'Assemblée élective.

VI

Atteinte portée à l'inamovibilité de la pairie en 1830. — Changements apportés par la Charte aux attributions de la Chambre des pairs. — Présentation en 1831 d'un projet de loi abolissant l'hérédité de la pairie. — MM. Daunou, Clauzel, Salverte, etc., demandent que la pairie soit élective, ou que du moins les pairs soient choisis par le roi parmi des candidats élus. — MM. Bérenger, rapporteur, et Thiers combattent ce système. — MM. Royer-Collard, Guizot, Thiers, etc., défendent l'hérédité de la pairie. — MM. Vieunet, Odilon Barrot, Casimir Périer, Bignon, etc., soutiennent la nomination à vie des pairs et leur choix dans certaines catégories. — La loi du 29 décembre 1831 rend la pairie viagère et détermine des catégories de notabilités. — La Chambre des pairs n'adopte cette loi que sous la pression gouvernementale. — La discussion de 1831 prouve à la fois qu'une Chambre haute héréditaire est impossible en France, et qu'une Chambre haute, nommée à vie par le Chef de l'État, est incapable d'exercer une grande influence.

En révisant la Charte après la révolution du mois de juillet 1830, la Chambre des députés, imitant un exemple donné par Louis XVIII qui, par une ordonnance du 24 juillet 1814, avait éliminé vingt-neuf pairs après les événements des Cent-Jours, la Chambre des députés, disons-nous, annula toutes les nominations et créations nouvelles de pairs faites sous le règne précédent. C'était là une de ces mesures regrettables comme en entraînent toujours les bouleversements politiques; elle ne faisait que trop clairement ressortir la dépendance dans laquelle l'ancien gouvernement avait placé la pairie, et la docilité que le nouveau attendait d'elle. Néanmoins, et quant au fond des choses, la Chambre des députés n'apporta que des légères modifications à l'organisation et aux attributions de la Chambre des pairs, telles qu'elles résultaient de la Charte de 1814 et, au lendemain d'une révolution, il ne se trouva pas un député pour demander qu'on profitât de l'impopularité de la Chambre des pairs pour en prononcer la suppression.

Au point de vue de ses attributions, le seul changement adopté en 1830 fut de lui conférer entier et sans entraves le droit d'initiative. En outre, ses séances durent être dorénavant publiques (art. 15 et 27). Pour tout le reste, vote des lois, interpellations, amendements, droit pour les pairs d'occuper un poste ministériel, jugement des attentats contre la sûreté de l'Etat, etc., la législation antérieure subsista ; il fut seulement stipulé que les propositions de loi, qui seraient rejetées par l'un des trois pouvoirs, c'est-à-dire par le roi ou par l'une des deux Chambres, ne pourraient plus être représentées dans la même session (art. 17). Au point de vue de la composition de la pairie, on fut d'avis qu'il y aurait des réformes à introduire, mais on voulut se donner le temps de les étudier et on renvoya leur examen à l'année suivante.

En effet, le 27 août 1831, le ministère présenta à la Chambre des députés un projet de loi modifiant l'art. 23 de la Charte. Il était ainsi conçu : « La nomination des membres de la Chambre des pairs appartient au roi ; leur nombre est illimité ; la dignité de pair est conférée à vie ; elle n'est pas transmissible par voie d'hérédité. » Ce projet que Casimir Périer, président du conseil des ministres, avouait avoir rédigé à regret sous la pression de l'opinion publique, donna lieu dans le sein de la Chambre des députés à une des discussions, qui par l'élévation des pensées et l'abondance des aperçus, ont fait le plus d'honneur à la tribune française. Royer-Collard, Guizot, Thiers, Dupin, Casimir Périer, Lafayette, Daunou, Bignon, Odilon Barrot, de Rémusat, Viennet, prirent part à ce grand débat, et comme il contient les plus utiles enseignements, on nous permettra d'en présenter une analyse complète.

Quatre opinions furent soutenues. Quelques orateurs

demandèrent que la pairie devînt élective ; d'autres que les électeurs fussent appelés à nommer des candidats parmi lesquels le roi serait tenu de choisir les pairs ; un grand nombre que l'hérédité de la pairie fût maintenue ; d'autres enfin, que les pairs ne fussent plus nommés qu'à vie par le roi, et que celui-ci les prît obligatoirement parmi certaines catégories de notabilités.

Les partisans de l'élection et des candidatures, MM. Lherbette, de Brigode, Andry de Puyraveau, Eusèbe Salverte, Daunou, Thouret, maréchal Clauzel, etc., dirent que, dans un état démocratique, où le principe de la souveraineté du peuple était admis, il ne pouvait appartenir au roi de faire à lui tout seul des législateurs ; qu'une Chambre des pairs, composée de membres qui devraient uniquement leurs fonctions à la faveur royale ou à la protection ministérielle, était incapable d'avoir une haute autorité morale dans un pays où les mœurs n'étaient rien moins qu'aristocratiques ; que l'expérience démontrait que la pairie, surtout avec le droit pour la couronne de changer la majorité dans son sein au moyen de soudaines promotions, était un corps sans indépendance réelle et sans prestige. Ils insistèrent en conséquence pour que les pairs reçussent comme les députés la consécration du suffrage de leurs concitoyens, ajoutant qu'ils représenteraient ainsi la volonté des électeurs aussi pleinement que les députés, qu'ils exerceraient sur la marche du gouvernement une influence égale à celle de ces derniers, et que même, en satisfaisant à des conditions plus rigoureuses d'éligibilité, ils ne tarderaient pas à conquérir un immense ascendant et à devenir le premier pouvoir de l'État.

Cet avis, était, à notre sens du moins, excellent ; mais

les esprits n'étaient pas préparés il y a quarante ans pour
le suivre. Le rapporteur de la loi, l'honorable M. Bérenger,
put donc le repousser au nom de la commission en
ces termes : « Soumise à l'élection populaire, la Chambre
des pairs répondrait à la pensée de ceux qui veulent
qu'elle représente certaines opinions ou certains intérêts;
et comme elle ne peut pas représenter une aristocratie
qui n'existe pas en France, elle représenterait naturellement les mêmes opinions et les mêmes intérêts que la
Chambre des députés. Autant vaudrait diviser la même
Chambre en deux sections, ou exiger deux ou plusieurs
lectures à certains intervalles. Le système d'une Chambre
unique n'aurait ni plus ni moins d'inconvénients. — Le
trône, en présence de deux Chambres dont l'origine serait semblable, se trouverait exposé aux mêmes dangers
que s'il était en présence d'une seule Chambre, sans
contre-poids, sans intermédiaire entre elle et le roi. Il
succomberait tôt ou tard, comme à une autre époque il
succomba dans l'Assemblée législative... D'ailleurs, l'é-
lection est souvent un acte passionné, qui se concilie
mal avec toute idée de conservation : elle ne donne de
force que pour un certain temps. Ce n'est pas de cette
source agitée que doit sortir un pouvoir modérateur; ce
n'est pas sur cette base mouvante que peut s'asseoir un
intérêt d'ordre et de durée (1). » M. Thiers, de son côté,
affirma que « jamais dans la tête d'aucun publiciste, il
n'est venu de mettre en présence de la royauté la démocratie toute seule (2), » que le vrai rôle de la seconde
Chambre est de servir de corps intermédiaire entre les

(1) Extrait du rapport de M. Bérenger, inséré au *Moniteur* du
20 septembre 1831.
(2) Voir le discours prononcé par M. Thiers, à la séance du
3 octobre.

élus du pays et la couronne, et après s'être livré à une longue énumération des objets divers pour lesquels l'opinion publique s'était depuis vingt ans passionnée, il fit remarquer qu'au grave préjudice de la chose publique, la passion du jour aurait entraîné les deux Chambres, si toutes deux avaient été électives.

Les principaux défenseurs de l'hérédité de la pairie furent MM. Royer-Collard, Thiers, Guizot et Berryer ; leur argumentation est digne de tels hommes. « Il y a, exposèrent-ils, deux grands intérêts dans la société : celui du progrès, celui de la stabilité. Afin de donner satisfaction au premier, il est admis unanimement qu'une des deux chambres doit être élective; elle est destinée à représenter les besoins, les vœux, les aspirations du corps électoral, lequel sent très-vivement, mais manque souvent de lumières et de prudence. Afin que l'intérêt de la stabilité ne soit pas sacrifié, il faut, par une juste compensation, que l'autre Chambre ait une composition telle qu'elle soit en état de distinguer les écarts de l'opinion publique, qu'elle ait la volonté de procéder aux réformes avec une sage lenteur, et qu'elle soit animée de la résolution de protéger, envers et contre tous, ces institutions qui font la grandeur des peuples, en même temps qu'elles servent de fondement à l'ordre social. Or, une pairie héréditaire peut seule remplir cette grande mission; d'une part, elle est indépendante et des électeurs qui ne la nomment pas, et de la royauté qui ne fait guère que combler les vides que la mort cause dans ses rangs; d'autre part, elle n'a pas l'esprit de caste, elle s'empresse d'absorber et de faire siens tous les hommes de talent, et aucune autre classe ne peut prétendre à autant de titres d'estime de la part de ses concitoyens. Assurée de son avenir, fière de son influence, poss'dan de grandes richesses, elle est forcément dévouée à la constitution, pleine de patriotisme, et désireuse de réaliser toutes les améliorations praticables. L'exemple de la pairie anglaise est là pour le prouver, et, sous les deux derniers rois, les pairs de France ont montré qu'ils étaient aussi libéraux et plus éclairés que le reste de la nation. — Une monarchie ne saurait d'ailleurs se soutenir sans l'appui d'une classe héréditaire, car un peuple qui nierait d'une façon absolue les priviléges de la naissance, ne tarderait pas à répudier l'hérédité royale elle-même; et il est d'autant plus nécessaire d'entourer chez nous le roi de pairs héréditaires, que les tendances de notre nation sont plus démocratiques. — Et puis, qu'on ne s'y trompe pas, « la démocratie moderne n'est pas seulement vouée à la vie politique; elle a ses intérêts et ses affaires particulières, dont elle demande à pouvoir s'occuper avec liberté et sécurité. On a donc besoin de trouver dans la société des hommes qui, par situation, par le fait de leur naissance, se vouent et appartiennent spécialement aux affaires publiques, des hommes qui en fassent naturellement leur étude, leur profession, comme d'autres dans la démocratie font leur état de la jurisprudence, du négoce, de l'agriculture, et de toutes les carrières de la vie sociale... Par l'hérédité de la pairie on atteint ce but; on a ainsi un nombre de situations toutes faites, un nombre de familles dont la vie publique est pour ainsi dire l'élément, et qui toujours recevront cependant l'impulsion de la démocratie. Car il n'y a pas de doute sur ce point : c'est la Chambre démocratique qui décidera de la direction du gouvernement, et la Chambre des pairs se recrutera nécessairement dans le sein de la démocratie (1). » —

(1) Extrait du discours prononcé par M. Guizot, à la séance du 5 octobre.

Qu'objecte-t-on contre l'hérédité de la pairie? Qu'elle constitue un privilége et blesse l'égalité? C'est oublier que la pairie est ouverte aux hommes éminents de toute origine, et que l'inégalité des droits transmis par le seul fait de la naissance est de même admise dans l'ordre civil, où elle sert de fondement à l'héritage et à la propriété. — Qu'elle imposera au pays des législateurs sans aucune valeur, attendu qu'un fils n'héritera pas des talents de son père? Mais si, à un jour donné, l'esprit ne se trouve pas dans une famille, il se trouvera le même jour dans une autre, et comme il s'agit d'une assemblée où siégeront les chefs de plusieurs centaines de familles, l'équilibre se trouvera rétabli. D'ailleurs, si l'esprit ne se transmet pas, les traditions se transmettent, et c'est la force des traditions qui importe dans une chambre haute (2). — « On dit encore que la souveraineté du peuple condamne l'hérédité de la pairie. C'est-à-dire que l'hérédité de la pairie est proscrite. Mais il est permis d'en appeler de la souveraineté du peuple à une autre souveraineté, la seule qui mérite ce nom, souveraineté supérieure aux peuples comme aux rois, la souveraineté de la raison, seul législateur véritable de l'humanité... Oui, les nations sont souveraines, en ce sens qu'elles s'appartiennent à elles-mêmes et qu'elles ont de droit naturel les moyens de pourvoir à leur conservation et à leur salut ; en ce sens encore que le consentement public est la seule base solide des gouvernements, lesquels existent ainsi par les nations et pour les nations. Mais où réside la souveraineté du peuple? La majorité des individus, la majorité des votants, quelles qu'elles soient, est-ce là le souverain? S'il en est ainsi, il faut le dire bien haut, la souveraineté

(1) Voir le discours prononcé par M. Thiers, à la séance du 3 octobre.

du peuple n'est que la souveraineté de la force. Devant cette souveraineté sans règle et sans limite, sans devoir et sans conscience, il n'y a ni constitution, ni lois, ni bien, ni mal. La volonté du jour rétracte celle de la veille, sans engager celle du lendemain. . Les sociétés ne sont pas uniquement des rassemblements numériques d'individus et de volontés; elles ont un autre élément que le nombre : le droit et les intérêts légitimes qui naissent du droit... L'hérédité est la loi nécessaire de la pairie ; elle découle de l'utilité sociale. Au contraire de la Chambre élective, la pairie représente dans le gouvernement l'inégalité, c'est-à-dire les supériorités, non pour leur intérêt, mais pour la protection de la société entière. Ferez-vous sortir la pairie de l'élection populaire? Il y aura double emploi de deux chambres vouées aux mêmes intérêts, qu'elles envisageront du même point de vue. Ferez-vous sortir la pairie de la nomination royale, puisée ou non dans des catégories illusoires? Elle ne représentera par elle-même ni les supériorités, ni les intérêts généraux : avec sa vertu représentative elle perd l'honneur (1). »

Avec quelque éloquence qu'elles fussent présentées, ces considérations n'ébranlaient pas la conviction des nombreux adversaires de l'hérédité de la pairie. Ils faisaient valoir à leur tour les argument suivants : « Vous prétendez que l'hérédité de la pairie est un appui nécessaire à l'hérédité du trône. Il y aurait quelque chose de plus vrai à dire, c'est que là, où il y a une aristocratie héréditaire, la royauté c'est l'aristocratie. Elle entoure le trône, le domine, le rend l'instrument de ses volontés. L'aristocratie en Angleterre, voilà le véritable roi. Se

(1) Extrait du discours prononcé par Royer-Collard, à la séance du 4 octobre.

présente-t-il dans la marine, dans l'armée, dans la chambre des communes une notabilité plébéienne d'une grande distinction, l'aristocratie la réclame aussitôt, s'en empare et se l'incorpore. Elle regarde comme lui appartenant tous les hommes que signalent à l'estime publique de grandes capacités dans tous les genres. Le roi et la pairie ne font que les adopter. — On ne fait de l'hérédité ni par ordonnance ni par une loi. L'hérédité n'est réelle qu'autant qu'elle se crée elle-même; on ne peut pas la faire en masse. L'opinion du pays répugne à l'idée d'une création soudaine de privilégiés, destinés à léguer à leurs enfants le droit héréditaire de législateurs. Vainement vous présentez les plus savantes déductions sur l'utilité que le pays retirera de cette hérédité législative; le pays ne vous croit pas, ne vous comprend pas (1). » — Vous soutenez que l'hérédité renferme en elle-même un principe de durée et est un appui pour la royauté, qui a besoin de l'existence d'une classe où les droits politiques se transmettent héréditairement; mais vous vous faites encore illusion en ce point, car la durée des gouvernements ne repose que sur le bien-être des masses, et une chambre privilégiée songera avant tout à ses intérêts particuliers. En outre, s'il est vrai que l'utilité sociale exige que pour la confection des lois le fait seul de la naissance tienne lieu de talent et d'expérience, pourquoi restreindre ainsi le bénéfice de la naissance et ne pas généraliser l'application de ce principe comme sous l'ancien régime? Si les partisans de la pairie héréditaire sont en cela inconséquents avec eux-mêmes, c'est qu'en dépit de leurs désirs intimes, ils reconnaissent que la France est profondément

----

(1) Extrait du discours prononcé par M. Bignon, à la séance du 4 octobre.

démocratique, qu'elle hait les priviléges et l'inégalité ; c'est pourquoi, sans doute, ils s'abstiennent de parler de deux institutions que condamne le sentiment général, le droit d'ainesse et les majorats. Ils ont tort cependant de ne pas les déclarer indispensables, car la pairie héréditaire doit au moins représenter la richesse territoriale, et, chez une nation où les grandes fortunes sont rares et où les héritages se subdivisent à l'infini, il faut plus que partout ailleurs recourir à une loi exceptionnelle, si on veut que les pairs héréditaires trouvent dans une haute situation financière une source d'influence. Le seul malheur, c'est qu'une immense impopularité s'attachera à une pairie constituée de la sorte au rebours des idées modernes. Vous vous abusez de même étrangement en croyant que l'hérédité procurera aux pairs une complète indépendance ; elle n'empêchera pas les uns de rechercher par tous les moyens la faveur de la foule, et les autres d'être les serviteurs du pouvoir afin d'en obtenir des honneurs, des traitements, soit pour eux-mêmes, soit pour leurs parents ou leurs amis. En réalité, l'indépendance des législateurs est toute personnelle et ne tient qu'au caractère de chacun d'eux. D'ailleurs toute aristocratie est de sa nature envahissante. « Or, voyez ce que pourraient deux ou trois cent familles, les plus riches du pays, groupées dans la capitale autour du prince, fatiguant ses ministres de leurs intrigues et de leur crédit. Leur serait-il difficile de faire tomber dans les mains de leurs proches parents toutes les dignités de l'armée, de la magistrature et de l'administration ? N'aurait-on pas établi alors un monopole plus dangereux que celui de la noblesse ancienne, parce que, restreint à un plus petit nombre de famille, il frapperait d'avantage par le scandale et exciterait plus d'inimitiés (1)? » — Pour que la Chambre des pairs puisse remplir sa haute mission au mieux des intérêts de l'État, il faut, c'est incontestable, qu'elle jouisse d'une pleine indépendance et qu'elle impose le respect à tous les citoyens. Mais l'inamovibilité assurée à ses membres n'est-elle pas une garantie suffisante qu'ils seront libres de voter comme ils l'entendront, et de donner tant aux ministres qu'à la couronne les conseils ou les leçons que le patriotisme leur inspirera? D'un autre côté, une assemblée qui contiendra toutes les illustrations de la France, et dans laquelle le roi ne pourra faire entrer que des hommes ayant déjà rendu d'éminents services à leur pays, n'est-elle pas sûre d'être plus considérée, d'exercer un plus légitime ascendant sur l'opinion publique, qu'une Chambre dont feraient partie par droit de naissance des personnages d'une parfaite nullité? En définitive, des législateurs sérieux doivent combiner les institutions qu'ils ont à établir, non d'après leurs propres aspirations, mais en raison des faits actuels et de l'état des mœurs. En se plaçant à ce point de vue, on avouera que la pairie viagère, recrutée dans certaines catégories de citoyens notables, est seule possible. « Si la pairie héréditaire s'appuyait sur une aristocratie secondaire, sur des hiérarchies politiques arrivant de degré en degré à une base large, immuable, incontestée, je croirais à la solidité de cet appui. Mais ces hiérarchies où les prendre! La pairie héréditaire ne serait que l'assemblage politique de trois cents familles, isolées au milieu de sept ou huit millions d'autres. Elles ne représenteraient qu'elles-mêmes, et tandis que la Chambre élective s'appuierait partout, la Chambre aristocratique n'aurait d'appui nulle part. Com-

(1) Extrait du discours prononcé par M. Dubois (de la Loire-Inférieure) à la séance du 4 octobre.

ment pourrait-elle en donner un au trône!... Avant cinquante ans l'hérédité de la pairie ne peut rien pour la
royauté nouvelle, et si cette royauté dure cinquante ans,
elle n'en aura plus besoin (1). »

Telles sont, en résumé, les observations qu'on présenta,
en 1831, à la Chambre des députés, pour et contre la pairie élective, la pairie viagère et la pairie héréditaire.
Finalement une majorité de 386 voix contre 10 adopta,
le 18 octobre, le projet du gouvernement amendé par la
Commission. Ce projet portait que le nombre des pairs
restait illimité, que leur dignité serait conférée à vie,
qu'aucun traitement, aucune pension, aucune dotation
ne pourraient y être attachés, et que le roi devrait choisir les pairs parmi les notabilités suivantes : le président
de la Chambre des députés; les députés ayant fait partie
de trois législatures, ou ayant six années d'exercice ; les
maréchaux et amiraux; les lieutenants-généraux et vice-
amiraux, après deux années de grade; les ministres ; les
ambassadeurs après trois ans, et les ministres plénipotentiaires, après six ans de fonctions; les conseillers
d'État, après dix ans de service ordinaire; les préfets,
après dix ans de fonctions; les gouverneurs coloniaux,
après cinq ans de fonctions; les conseillers généraux,
après trois élections à la présidence; les maires des villes
de trente mille âmes et au-dessus, après deux élections
au conseil municipal et après cinq années de mairie; les
présidents de la Cour de cassation et de la Cour des comptes; les procureurs généraux près ces deux Cours,
après cinq ans de fonctions en cette qualité; les conseillers à la Cour de cassation et les conseillers-maîtres à la

____

(1) Extrait du discours prononcé par M. Vieunet, à la séance du
6 octobre.

Cour des comptes après cinq ans; les avocats-généraux près la Cour de cassation, après dix ans d'exercice; les premiers présidents des Cours royales, après cinq ans de magistrature dans ces Cours; les procureurs généraux près les mêmes Cours, après dix ans de fonctions; les présidents des tribunaux de commerce dans les villes de trente mille âmes et au-dessus, après quatre nominations à ces fonctions; les membres titulaires des quatre académies de l'Institut; les citoyens ayant obtenu par une loi et à raison d'éminents services, une récompense nationale; les propriétaires, les manufacturiers, les négociants et les banquiers payant trois mille francs de contributions directes, les premiers depuis trois et les autres depuis cinq ans, et en outre ayant fait partie, pendant six ans, d'un conseil général ou d'une chambre de commerce; enfin les propriétaires, manufacturiers, commerçants et banquiers, payant trois mille francs d'impositions et nommés députés ou juges aux tribunaux de commerce.

La Chambre des pairs fit au projet de la Chambre des députés un accueil des moins favorables. Aussi le gouvernement jugea nécessaire de faire une promotion de trente pairs, dont l'adhésion au principe de la pairie viagère était certaine. Nous nous dispenserons de reproduire les arguments qui furent développés dans le rapport du duc Decazes et au cours de la discussion pour ou contre l'hérédité de la pairie, car ils furent les mêmes que ceux que l'on avait fait entendre à la tribune de l'autre assemblée. Qu'il nous suffise de dire qu'une majorité de 34 voix sur 170 votants, se prononça en faveur de la loi qui est devenue celle du 29 décembre 1831.

On ne nous reprochera pas, nous l'espérons, de nous être trop étendu sur les délibérations qui ont précédé la loi de 1831. A notre avis, il en ressort en effet un grand enseignement. Les adversaires de l'hérédité de la pairie nous paraissent avoir démontré surabondamment que la constitution d'une chambre héréditaire était de nos jours impossible en France. Les partisans de cette même hérédité nous semblent avoir non moins nettement établi qu'une pairie viagère serait sans action sur le pays, et ne formerait qu'un corps de dignitaires incapable de servir de frein à la démocratie. La double conclusion que nous tirons de la discussion de 1831 paraîtra peut-être excessive à de bons esprits. Cependant on ne contestera pas que les idées démocratiques ont fait de singuliers progrès depuis quarante-deux ans. Donc si un conservateur aussi clairvoyant que Casimir Périer a proposé, et si la majorité profondément royaliste des deux Chambres a adopté alors la suppression de l'hérédité de la pairie, obéissant en cela aux exigences de l'esprit public et à la tendance irrésistible de notre époque, il n'y a pas à se le dissimuler : aucune monarchie, quelle que soit son origine, qu'elle s'appuie sur le droit divin ou sur la souveraineté du peuple, ne parviendra désormais à fonder utilement en France une Chambre aristocratique et héréditaire. Sur ce point, on sera généralement d'accord avec nous. Quant à notre seconde proposition, à savoir qu'une Chambre haute à la nomination du Souverain, est condamnée à jouer un rôle tout à fait secondaire, elle soulèvera plus d'objections. Nous les discuterons bientôt, après avoir vu ce que fut le Sénat à vie du second empire. En attendant, nous tenons à bien constater que, sous Louis-Philippe, la Chambre des pairs, quoique comptant beaucoup d'hommes distingués qui par leur expérience ont apporté un concours précieux à l'œuvre législative du règne, a eu une importance politique fort inférieure à celle de la Chambre des députés, qu'elle n'a su éclairer, en 1848, ni le gouvernement aveuglé, ni l'opinion publique surexcitée, et que, le soir même du 24 février, elle a paru aux révolutionnaires victorieux un corps si inoffensif, qu'ils n'ont pas cru nécessaire d'en prononcer la dissolution en même temps qu'ils dissolvaient la Chambre élective !

VII

Opposition général en 1848 au système de la dualité des chambres. — Le rapport d'Armand Marrast sur la Constitution est favorable à l'établissement d'une Assemblée unique. — Arguments de MM. Lamartine, Dupin, Marcel Barthe, en faveur d'une seule Chambre. — Arguments de MM. Odilon Barrot, Duvergier de Hauranne, Charles Dupin, Rouher, en faveur de deux Assemblées procédant l'une et l'autre du suffrage universel. — Résumé des motifs qui nécessitent la création de deux assemblées élues par le même corps électoral, mais présentant certaines différences dans leur organisation. — Pourquoi l'Assemblée constituante repoussa la division du pouvoir législatif. — Résultats produits par la combinaison adoptée en 1848.

Lorsque, quelques mois plus tard, l'Assemblée nationale entreprit de doter la France d'une constitution en harmonie avec le nouvel état des choses, il semblait que l'occasion était belle de proclamer, conformément au principe jusqu'alors admis, que le pouvoir législatif appartiendrait à deux Chambres, et pour rendre hommage à l'extension toute récente des droits conférés aux citoyens, que ces deux Chambres seraient également électives. Malheureusement, par un de ces brusques revirements d'opinion, auxquels nous sommes si sujets, le système de la dualité des Chambres était devenu suspect. L'ayant trouvé inefficace, les conservateurs le traitaient volontiers de vieux préjugé, sans se demander si sous le dernier règne il avait été sainement pratiqué en raison de nos mœurs. De leur côté, les républicains lui étaient ouvertement hostiles comme à une institution aristocratique, et se souvenant que « nos pères de 1789 et de 1793 » avaient approuvé le régime des assemblées uniques, ils prétendaient le faire triompher sous la seconde république.

Sous l'empire de ces idées, on sait que la commission chargée de préparer un projet de constitution se prononça pour qu'il n'y eût qu'une seule assemblée. Voici en quels termes Armand Marrast, son rapporteur, justifiait cette résolution :

« La souveraineté est une, la nation est une, la volonté nationale est une. Comment donc voudrait-on que la délégation de la souveraineté ne fût pas unique?... Dès que vous placez côte à côte deux Chambres égales en puissance, vous n'arriverez qu'à l'un de ces deux résultats : ou les Chambres seront d'accord, et alors une double discussion, un double vote, ne servent à rien et peuvent nuire en retardant la loi; ou bien elles seront en désaccord, ce qui arrivera le plus souvent, et alors c'est la lutte que vous établissez au sommet de l'État. Or la lutte en haut, c'est l'anarchie en bas ; les deux Chambres sont donc un principe de désordre. De cette lutte une des deux Chambres sortira nécessairement affaiblie. La discussion dans une seconde Chambre doit jeter le trouble dans la première, la minorité se passionne davantage quand elle espère faire triompher sa cause en appel ; les partis extérieurs ajoutent leurs passions à celles des représentants, et alors il n'y a plus deux Chambres, mais deux camps. Avec une assemblée politique, une seule inspiration, une seule règle : l'Assemblée, organe de l'opinion, la fait prévaloir en donnant ou refusant la majorité aux ministres. Mais si un ministére qui plait à une Chambre déplait à l'autre, qui l'emportera?... A l'appui du système de la dualité des Chambres, on ne nous donne que deux motifs : l'un est grave, l'autre ne l'est pas. Ce dernier, c'est l'exemple de l'Angleterre et des Etats-Unis. Nous pourrions montrer facilement que deux Chambres en Angleterre représentent deux intérêts divers, quelquefois contraires, qui se trouvent dans le parlement parce qu'ils sont dans le pays. Nous pourrions montrer qu'aux Etats-Unis la souveraineté est locale, formée de groupes indépendants, et qu'elle se reproduit dans le pouvoir comme elle est à l'origine. Il est un autre argument qui a selon nous une base plus solide : c'est l'entraînement d'une assemblée unique, qui sous la pression d'un événement extérieur ou d'une émotion née dans son propre sein, peut prendre une résolution irréfléchie, faire une loi imprudente, dont elle serait la première à se repentir. » Le rapport explique ici fort longuement que la commission de constitution croit avoir paré à ce danger en exigeant trois délibérations successives pour les lois, et en organisant d'une manière toute nouvelle le Conseil d'Etat. « A côté de l'Assemblée unique, la constitution place un Conseil d'Etat choisi par elle, émanation de sa volonté, délibérant à part, en dehors des mouvements qui peuvent agiter les grandes réunions. Ce corps composé d'hommes éminents et placé entre l'assemblée qui fait la loi et le pouvoir qui l'exécute, tenant au premier par sa racine, au second par son contrôle sur l'administration, aura naturellement une autorité qui tempérera ce que l'assemblée unique pourrait avoir de trop hardi, ce que le gouvernement pourrait avoir d'arbitraire. »

Ces conclusions donnèrent lieu au sein de l'Assemblée constituante à une très-brillante discussion, qui occupa les séances des 25, 26 et 27 septembre 1848. On nous saura gré d'en reproduire les principaux traits, car nos législateurs actuels sont à la veille de traiter la question qui fut alors débattue. Les champions de l'unité de Chambre furent MM. de Lamartine, Dupin, Marcel Barthe et Antony Thouret ; ses adversaires furent MM. Duvergier de Hauranne, Charles Dupin, Odilon Barrot, Rouher et Lherbette. Nous commencerons par exposer les arguments des premiers.

« Ce qui domine en France, c'est le sentiment de l'égalité ; et le peuple en est si profondément imbu, qu'il aimerait mieux s'abandonner à un despote, sacrifier ses libertés et se soumettre à un pouvoir absolu, que de subir l'autorité d'une aristocratie quelconque (1). » Or une deuxième Chambre, quel que soit son mode de recrutement, paraîtra au peuple « un débris aristocratique » et sera impopulaire.—D'ailleurs la nation française est une, sa représentation est de même indivisible. On conçoit que, dans une contrée aristocratique, comme l'Angleterre, ou composée de plusieurs Etats, comme la Confédération américaine, il y ait une seconde assemblée pour représenter soit l'aristocratie, soit les intérêts propres à chaque Etat. Mais la France jouit d'une unité compacte et est privée d'aristocratie ; il n'y a donc pas lieu d'y établir deux Assemblées. « Une représention aristocratique à un titre quelconque, ne peut être qu'un rêve parmi nous. Vous n'en avez plus la chose, vous en créeriez le mot, avec danger. Oui, ce serait pis qu'un rêve, ce serait un péril grave et renaissant. Car n'oubliez jamais devant qui vous fonderiez cette seconde Chambre. Vous fonderiez ce germe d'une aristocratie quelconque devant une démocratie qui ne possède son règne, sa forme, sa

____

(1) Voir le discours de M. Marcel Barthe, prononcé à la séance du 26 septembre.

puissance, que depuis cinquante-six ans, devant une démocratie récente, et par cela même qu'elle est récente, naturellement ombrageuse, inquiète, jalouse, et qui, n'en doutez pas, ne verra pas sans une susceptibilité illégitime, je le reconnais, se former à sept mois d'une Chambre de pairs, à dix-huit ans d'une pairie héréditaire, et à peu d'années d'un Sénat presque féodal, se former, dis-je, ce noyau d'une aristocratie qui commencerait par être législative à ses yeux, et qui finirait par être souveraine, ne l'oubliez pas (1). » — Au surplus, l'existence de deux Chambres est dangereuse à deux points de vue : elle peut amener à de graves conflits entre les deux branches du pouvoir législatif, et faciliter la prédominance du chef du pouvoir exécutif. « Songez à ce que seraient deux Assemblées sorties l'une et l'autre du suffrage universel. Chacune d'elles représenterait la nation au même titre; chacune d'elles pourrait croire exprimer fidèlement, plus fidèlement que l'autre les vœux du pays. Croyez-vous que ces deux Assemblées se côtoyant ainsi, n'arriveraient jamais à quelque point de désaccord? Croyez-vous que chacune d'elles ne chercherait pas à conquérir dans le pays plus d'importance, plus d'autorité que l'autre (2)? » En outre le président de la République qui, avec une seule Assemblée, serait forcé en cas de désaccord entre lui et elle de s'incliner devant la volonté formelle des représentants, « pourrait, avec deux Chambres se servir de l'une contre l'autre, aller de celle-ci à celle-là, et avec une majorité qu'il s'efforcerait de rendre un peu systématique, paralyser dans l'une ce qui se prépa-

(1) Extrait du discours prononcé par M. de Lamartine, le 27 septembre.

(2) Voir le discours de M. Marcel Barthe.

rerait ou se ferait dans l'autre (1). » — Les principales
objections qu'on dirige contre l'établissement d'une
Chambre unique, sont qu'elle sera tyrannique et exposée
à des entrainements regrettables. Le premier reproche
ne sera certainement pas mérité par elle; car l'Assemblée
nationale comprendra les élus de la France entière, elle
saura résister aux injonctions de la démagogie parisienne, et ses efforts tendront à donner à notre patrie les
deux seules choses qu'elle demande : la liberté et l'ordre.
Quant au danger des entrainements, on y a suffisamment
pourvu par l'obligation de soumettre les lois à trois lectures, par la création du Conseil d'Etat, et par le droit
conféré au Président de la République de renvoyer les
lois à une nouvelle délibération. — Et puis, n'est-ce pas
une illusion de croire que deux Chambres élues l'une et
l'autre par le suffrage universel n'obéiront pas aux
mêmes influences et que la première pourra modérer la
seconde ? A la vérité, parmi les partisans de la dualité
des Chambres, les uns proposent d'imposer aux candidats
des conditions de fortune et de services rendus, plus
rigoureuses que celles imposées aux candidats à la
Chambre populaire ; les autres proposent simplement
qu'on fixe pour entrer dans la première Chambre un âge
plus élevé que pour devenir membre de l'autre Assemblée. Mais le premier parti revient à faire un pas dans la
voie de l'aristocratie, c'est un essai timide de renouvellement des classes ; et adopter le second, « ce serait
défaire cette combinaison divine qui mêle les âges divers,
pour que les faiblesses d'un âge soient corrigées par la
force et la maturité d'un autre âge, pour que la jeunesse
et la vieillesse, l'enfance et la virilité, forment cette

(1) Voir le discours prononcé par M. Dupin, à la séance du
27 septembre.

moyenne qui fait l'équilibre des facultés dans le genre humain. Ce serait placer là tout les hommes d'expérience et de tradition, tous les vétérans de la politique; ici tous les jeunes enthousiasmes, toutes les fougues, toutes les impatiences (1). » — Enfin, et cette raison est décisive, « quoique les constitutions paraissent en général se faire pour l'avenir, elles se font surtout pour le présent, car c'est le plus pressé (2). » Or, pour résister à la révolution, il faut une Chambre unique, afin qu'elle soit forte.

« N'oubliez pas qu'on a excité tous les appétits matériels, lorsqu'on manquait absolument des moyens de les satisfaire; qu'il y a nombre de gens à qui l'on a promis imprudemment le bien d'autrui et à qui on ne peut pas le livrer; des gens cependant qui sont toujours prêts à le prendre, et qui ont dit plus d'une fois à la société une formule équivalente à celle-ci : la bourse ou la vie!... Eh bien, si on avait partagé cette Assemblée en deux, si on avait mis 600 représentants d'un côté et 300 de l'autre, si l'on avait été obligé d'aller porter de l'un à l'autre les expédients, les votes, les moyens de gouvernement, les mesures, pensez-vous que deux Chambres auraient mieux fait que nous? Pensez-vous que si les talents qui sont assis sur ces bancs étaient partagés, répartis entre deux Chambres, ils auraient eu plus de force que réunis en faisceau dans une seule (3). » Non, il n'y a pas à s'y méprendre : la société est en péril; pour beaucoup d'esprits égarés et pervers la république a un sens sinistre, et ils aspirent à l'entraîner de nouveau dans des carrières sanglantes. Contre ces dangers, on n'a qu'une arme à employer, « la dictature d'une Assemblée toute puissante,

(1) Voir le discours de M. de Lamartine.
(2) Voir le discours de M. Dupin.
(3) Voir le discours de M. Dupin.

une, et toujours debout. C'est la dictature sous son beau nom, sous sa forme légitime et légale, la dictature de la nation (1). »

Ainsi donc, pour démontrer la nécessité d'une Chambre unique, on insista en 1848 presque exclusivement sur cinq considérations : indivisibilité de la souveraineté populaire, aversion du peuple pour toute institution qui rappellerait même de loin l'aristocratie, crainte des conflits entre les deux Chambres et des entreprises du Président de la République contre le pouvoir législatif divisé, inutilité d'avoir deux Chambres, du moment que toutes deux seront élues par le suffrage universel, et nécessité que l'Assemblée nationale puisse trouver dans son unité la force de maîtriser l'esprit révolutionnaire.

Il nous reste à faire connaître les réponses que sur chacun de ces points opposèrent les orateurs qui réclamaient l'établissement de deux Chambres.

« Si jamais il y a lieu de tenir compte des leçons de l'expérience, c'est assurément quand on entreprend l'œuvre ardue de promulguer une Constitution. Or, en ce qui concerne l'organisation du pouvoir législatif, que nous enseignent les lois poliques des peuples étrangers et notre propre histoire ? Nous voyons non-seulement que tous les États monarchiques pratiquent le système de la dualité des Chambres, mais encore que la République des États-Unis, ainsi que chacune des petites Républiques dont se compose l'Union, ont jugé indispensable de confier la puissance législative à deux Assemblées. La division du pouvoir législatif est donc un principe reconnu, pour ainsi dire, par la sagesse universelle. D'un autre

(1) Voir le discours de M. de Lamartine.

côté, nous avons expérimenté en France des Constitutions bien diverses : celle de 1791, qui n'avait admis qu'une seule Chambre, a duré moins d'un an, celle de 1793, qui concentrait tous les pouvoirs dans la Convention, a abouti au règne de la Terreur, et « la Convention, éclairée à la fin par trois années d'anarchie, de convulsions intestines, de passions, de fureurs et d'incroyables cruautés pour n'arriver qu'à des ruines, a proclamé elle-même la nécessité de deux Chambres législatives et la balance des pouvoirs (1); » si la Constitution de l'an III, qui avait établi les deux conseils des Anciens et des Cinq-Cents, n'a duré que quatre ans, c'est que le gouvernement Directorial a succombé sous les fautes accumulées par la Législative et la Convention; depuis l'an VIII, toutes nos Constitutions ont placé à côté de la Chambre des députés soit un Sénat, soit une Chambre des pairs, et l'empire s'est maintenu quatorze ans, la restauration a subsisté seize ans, le gouvernement de Juillet n'a été renversé qu'au bout de dix-huit années. Tous ces faits ne sont-ils pas concluants? N'est-ce pas tenter une expérience condamnée par avance à échouer, que de vouloir fonder en France une Assemblée unique, contrairement à ce qui a lieu chez les grandes comme chez les plus petites nations? Il n'est pas besoin d'ailleurs de longues réflexions pour comprendre que partout on ait tenu à diviser le Corps législatif en deux sections indépendantes. En effet, « la nature humaine est ainsi faite, que tout pouvoir, quel qu'il soit, monarchique, aristocratique, démocratique, tend fatalement, invinciblement au despotisme, et a besoin d'être sans cesse contenu. La science politique consiste donc à organiser un système

(1) Voir le discours prononcé par M. Charles Dupin, à la séance du 24 septembre.

de freins, de contrepoids, qui, sans entraver le pouvoir dirigeant, le modèrent, le retiennent sur la pente et l'empêchent de se précipiter (1). » Ceci étant admis, il a fallu qu'on organisât le pouvoir législatif de façon à ce qu'il se modérât lui-même, à ce qu'il ne fût pas tenté d'empiéter sur les attributions du pouvoir exécutif, et à ce que les députés nommés par les électeurs trouvassent au besoin un obstacle à leurs visées ambitieuses dans la présence d'autres législateurs, le jour où les premiers chercheraient à abuser du prestige de leur élection pour s'emparer de la dictature. — Dans notre siècle, tous les gouvernements sont plus ou moins menacés par la passion du changement, par une tendance générale au dénigrement, par la mobilité des impressions, par la vivacité des engagements. Si dans ces conditions, une Assemblée unique, organe impétueux de l'opinion publique, était placée auprès d'un roi, celui-ci ne tarderait assurément pas à être balayé par la Révolution. Dans une République, où l'inquiétude, la précipitation démocratiques sont plus grandes que dans une monarchie, le danger des conflits est encore plus évident. Il n'est pas difficile de prédire ce qui arrivera, avec une Chambre unique, dans un Etat républicain. « Ou par une marche continue, incessante, l'Assemblée unique absorbera le pouvoir exécutif ; ou le pouvoir essayera une révolte dans un moment de crise (2). » S'il est d'un caractère faible, le Président de la République se laissera dominer par la Chambre, et alors vous arriverez au régime d'une Convention ; s'il est capable et ambitieux, il ne consentira pas aux empiétements de l'Assemblée ; il s'irritera de voir ses projets renversés, ses

(1) Extrait du discours de M. Duvergier de Hauranne à la séance du 25 septembre.

(2) Voir le discours de M. Rouher, à la séance du 27 septembre.

intentions méconnues, par une opposition que dirigeront les hommes aspirant à lui succéder, il s'appuiera sur le peuple dont il est une émanation, et à un moment donné il entrera en lutte ouverte avec les représentants du pays. — Les adversaires des deux Chambres se trompent en effet d'une étrange façon, quand ils arguent de l'unité de la souveraineté nationale pour prétendre qu'il ne doit y avoir qu'une seule Chambre. D'abord il est certain que le mode d'action de la souveraineté nationale peut être multiple; car on ne voit pas pourquoi il serait moins loisible à une nation qu'à un simple citoyen de nommer plusieurs mandataires, et, puisque le peuple n'exerce le pouvoir législatif que par des délégués, il ne déroge pas plus à sa souveraineté en nommant deux Chambres qu'une seule. Mais, ce qu'il importe surtout de remarquer, c'est que le projet de Constitution ne propose même pas de concentrer tous les pouvoirs entre les mains de l'Assemblée nationale. Il place en présence l'un de l'autre deux pouvoirs distincts, expressions égales de la volonté populaire, la Chambre et le Président de la République. Que devient dès lors la fameuse indivisibilité de la souveraineté nationale? Et comment n'est-on pas pas effrayé de la gravité des conflits qui éclateront presque inévitablement entre deux pouvoirs rivaux, que nulle autorité intermédiaire ne pourra ni apaiser ni concilier? Au contraire, en créant deux Chambres, on atténue considérablement, si on ne fait pas disparaître tout danger de guerre entre le Corps législatif et le chef du pouvoir exétif. L'une des deux Chambres aura naturellement la haute main sur la conduite des affaires publiques, elle donnera l'impulsion au gouvernement; l'autre Chambre s'attribuera plutôt une mission de contrôle, elle se mêlera moins aux détails de la politique, et ménagera son intervention pour les occasions solennelles. Si donc entre la première Chambre et le Président de la République un désaccord grave survenait, si une opposition de vues complète éclatait entre eux sur une question importante : aussitôt l'autre Chambre examinerait le parti à prendre ; elle jugerait les prétentions contraires ; elle forcerait les deux adversaires à s'expliquer, les calmerait, et donnerait par son appui une telle force à celui en faveur duquel elle se prononcerait, qu'il ne resterait plus à l'autre qu'à s'incliner et à se soumettre. Il est permis d'affirmer que l'existence d'une Assemblée investie de cette sorte de haute magistrature, de cette sorte d'arbitrage constitutionnel, est indispensable, si on veut éviter l'anarchie et le despotisme. — En outre, est-il niable qu'une Chambre unique est exposée à de fâcheux entraînements et à adopter trop vite des résolutions irréfléchies ? Le rapport de M. Marrast ne peut s'empêcher de le reconnaître, et un orateur qui a parlé contre les deux Chambres, M. Dupin, a dû avouer que, pour la maturité des délibérations, deux Assemblées offrent plus de garantie qu'une seule. Cependant, dans le système de la commission, on fait grand étalage de la nécessité des trois lectures et des pouvoirs modérateurs du Conseil d'Etat. Ces précautions contre la précipitation sont malheureusement illusoires ; car l'Assemblée sera toujours maîtresse de s'affranchir de la formalité des trois lectures par une simple déclaration d'urgence, et le Conseil d'Etat dont on peut se dispenser de suivre et même de prendre l'avis, qui est nommé par la Chambre et renouvelé par elle tous les trois ans, n'est à vrai dire qu'une commission permanente de l'Assemblée nationale. D'ailleurs, quelle autorité ce corps aura-t-il, avec son origine purement parlementaire, pour s'interposer utilement entre les deux pouvoirs élus par la nation et pour les redresser dans leurs écarts? Que si l'on aspire à préserver le pays des lois mal faites et des entreprises aventureuses, il n'y a qu'un moyen : c'est d'établir deux Chambres. Une Assemblée unique dont les décisions ne doivent rencontrer ni révision ni obstacle, devient facilement emportée et intolérante : quand le mal est fait, elle s'en aperçoit, mais il est souvent trop tard pour le réparer. Lorsqu'il y a au contraire une double délibération de la part de deux Assemblées différentes, il y a plus de chances pour que la raison soit écoutée, et pour que les décisions regrettables échouent au moins dans l'une des enceintes législatives. Si les deux Chambres tombent d'accord, la loi acquiert par cela même plus de force et d'autorité; si elles ne s'entendent pas, il n'est pas de meilleure preuve que la question a besoin d'être débattue de nouveau. Le seul inconvénient que présente le système des deux Chambres est donc de retarder les lois d'un mérite douteux. Quant aux rivalités, aux tiraillements, qu'on l'accuse de produire entre les deux fractions du pouvoir législatif, l'exemple des Etats-Unis où les Sénats et les Chambres des représentants vivent en parfaite intelligence, l'exemple des Etats européens où les Chambres hautes et électives fonctionnent régulièrement, l'exemple de notre propre pays, où les pairs et les députés ont toujours fini par s'entendre, prouvent que c'est là un reproche nullement fondé. — Mais, objecte-t-on, la Chambre placée à côté de celle des députés, est en tout temps restée chez nous dans un état d'infériorité politique; sous le dernier règne, elle avait même perdu tout prestige, et ne comptait pas plus que si elle n'existait pas. Donc on peut se passer de deux Chambres. Cet argument porte à faux, car la Chambre des pairs a joué un rôle considérable sous

la Restauration, et si elle avait mieux compris sa haute
mission sous le roi Louis-Philippe, elle fût peut-être par-
venue à épargner à la France sa dernière révolution, en
amenant le gouvernement à satisfaire les vœux de l'immense majorité des citoyens. Mais de stériles plaintes
sur la décadence de la pairie ne servent à rien; mieux
vaut rechercher si cette décadence n'est pas plutôt impu-
table à l'institution qu'aux hommes. Eh bien! oui : si
pendant les dix-huit dernières années, la pairie a vu son
influence décliner de plus en plus, c'est que son origine
exclusivement monarchique et ministérielle ne lui per-
mettait pas d'exercer le moindre ascendant. « En enlevant à la Chambre des pairs l'hérédité sans lui donner
l'élection, nous l'avons privée en 1831 de toute force, de
toute autorité; c'est une faute grave dont il faut aujour-
d'hui s'accuser (1). » L'hérédité faisait aux pairs une situation indépendante; l'élection leur aurait assuré la
même popularité qu'aux députés; leur nomination à vie
par le roi ne parut au contraire prouver qu'un dévouement aveugle et une docilité infatigable. Aussi nous ral-
lions-nous franchement à l'heure présente au principe
fécond de l'élection, et proposons-nous que l'une et
l'autre Chambre soient nommées par le suffrage universel. — Du moment que nous n'avons pas en France une
aristocratie comme en Angleterre, il n'est pas possible
que la première Chambre ait un caractère aristocratique.
« Si par l'effet des révolutions, du temps, des siècles; si
par l'effet d'une politique qui ne remonte pas seulement
à la Convention, mais à Richelieu et à Louis XI; si par
l'effet de ce travail successif de notre société sur elle-
même, il n'y a plus dans ce pays qu'une seule force, la

(1) Voir le discours de M. Duvergier de Hauranne.

démocratie française; si cela est vrai, quelle conclusion
en tirer? Nous disons que la puissance de modération
doit être en raison même de la force d'impulsion, et que,
puisque notre démocratie ne trouve aucun temps d'arrêt,
aucune résistance, ni dans l'organisation communale et
départementale, ni dans le droit individuel, ni dans d'autres pouvoirs, ni dans les traditions, ni dans les grandes
fortunes, ni dans les priviléges de la naissance, puis-
qu'elle est seule, c'est en elle que nous voulons trouver
les moyens de la modérer et de l'arrêter, quand elle
s'égarera (1). » Il serait certes avantageux d'établir une
différence dans les conditions de l'électorat applicables
aux deux Chambres; mais, afin d'éviter tout reproche,
tout soupçon d'aristocratie, nous nous contentons de demander que la première Chambre soit moins nombreuse
que l'autre, qu'elle ait une plus longue durée, et que ses
membres soient renouvelés par moitié, au lieu de l'être
intégralement. Malgré les avantages que cela pourrait
avoir, nous nous abstenons de réclamer que les membres de la première Chambre soient obligatoirement élus
parmi certaines catégories de citoyens, car cette mesure
pourrait être considérée comme portant jusqu'à un certain point atteinte à la liberté du choix des électeurs.
« Ceux-ci comprendront l'utilité, la convenance, de placer certains hommes dans une Chambre plutôt que dans
l'autre, selon leurs caractères, selon leurs antécédents,
selon la nature de leur esprit. C'est avoir dans le suffrage
universel une grande confiance, mais on ne peut plus
chercher ailleurs que dans le bon sens universel les conditions de l'ordre (2). » — Ainsi constituée, la première

(1) Extrait du discours de M. Odilon Barrot.
(2) Extrait du discours de M. Duvergier de Hauranne.

Chambre ne pourra pas être attaquée au nom des principes démocratiques, et plus calme que la seconde Chambre parce qu'elle sera moins nombreuse, plus expérimentée parce qu'elle aura une plus longue durée, moins soumise aux fluctuations de l'opinion publique parce qu'elle ne sera renouvelée que partiellement, elle exercera indubitablement la plus heureuse influence sur l'attitude de l'autre Assemblée et sur la marche du gouvernement.—Dans le pays, il n'y aura que les adeptes des sociétés secrètes qui lui seront hostiles, parce que le système des deux Chambres a été jadis condamné par la Constitution de 1793, «dont ils font un point de départ, un moyen, un levier, pour battre en brèche l'organisation présente de la société française(1).» Quant à cette Assemblée, il y en a une partie qui, en réclamant la dictature d'une chambre unique, est parfaitement conséquente avec elle-même; « elle obéit à une terrible logique, car elle sait qu'elle a encore à renverser et à démolir. Mais pour l'immense majorité qui s'est rendu compte de l'état de la société, de ses besoins, des conditions auxquelles une grande société comme la nôtre peut vivre, qu'y a-t-il donc désormais à démolir et à détruire (2)? » Elle ne voudra pas, en conséquence, consacrer un système que soutiennent, avec la dernière énergie, tous les ennemis de l'ordre social, et, dans l'intérêt même de la république, elle lui donnera la seule institution qui soit capable de modérer les emportements de la démocratie. »

Telle est, résumée aussi succinctement mais aussi exactement que possible, l'argumentation par laquelle

(1) Voir le discours de M. Charles Dupin.
(2) Voir le discours de M. Odilon Barrot.

des esprits éminents s'efforcèrent, en 1848, de déterminer l'Assemblée constituante à établir deux chambres.
L'impartialité veut qu'on leur rende cette justice, qu'ils
ont défendu leur cause avec un rare talent. Aucun des
motifs qui peuvent être invoqués en faveur de la division du pouvoir législatif entre deux assemblées ne leur
a échappé. Ils ont fait valoir que dans tous les Etats libres
il existe deux chambres ; que chez nous les deux seules
constitutions qui ont concentré la puissance législative
dans les mains d'une assemblée unique, n'ont pas tardé
à succomber au milieu des horreurs de l'anarchie ; que
tous les pouvoirs tendant au despotisme, il est indispensable d'organiser la représentation nationale de façon à
ce qu'elle rencontre en elle-même un obstacle à ses
visées dictatoriales ; que cette précaution est surtout nécessaire dans une république, où les passions populaires
sont à la fois plus vives et le gouvernement central moins
fort ; que le principe de la souveraineté du peuple permet
que la nation délègue aussi bien à deux réunions de
législateurs qu'à une seule le soin de la conduire ; que
les plus graves conflits sont à craindre entre le pouvoir
législatif, confié à une assemblée unique, et le pouvoir
exécutif confié à un seul homme, roi ou président de
république, et que la présence d'une seconde chambre
préviendrait au contraire ces conflits ou du moins les
atténuerait, en permettant à un corps hautement considéré d'intervenir entre les deux autorités rivales et d'empêcher au besoin qu'elles n'en vinssent aux prises ; qu'il
est impossible de ne pas redouter pour le repos et la
prospérité du pays, les entrainements, les brusques revirements auxquels une seule chambre est exposée, et
qu'une double délibération dans deux assemblées différentes suffirait le plus souvent pour prévenir ; que l'exis-

tence du Conseil d'Etat, la nécessité des trois lectures et le droit conféré au chef du pouvoir exécutif de demander une nouvelle délibération, sont des garanties insuffisantes contre la mobilité et les excès d'une chambre toute-puissante; que par la force même des choses le partage des attributions se fait facilement entre les deux fractions du pouvoir législatif, et que jamais on n'a constaté entre elles de rivalité dangereuse ni de jalousie systématique; que si la Chambre des pairs n'a pas toujours eu en France toute l'influence désirable, il n'en serait plus de même à partir du jour où la première chambre serait élue par le suffrage uiversel; qu'avec une telle origine, on ne la considérerait plus comme une institution aristocratique, que les démagogues seuls continueraient de la poursuivre de leurs diatribes révolutionnaires, et que bientôt, grâce à la supériorité d'expérience et d'indépendance que lui vaudraient les quelques particularités de son organisation, les membres de l'autre assemblée, aussi bien que les simples citoyens, seraient convaincus de l'importance et de l'utilité du rôle qu'elle est appelée à remplir.

Ces considérations étaient irréfutables, mais il y a des moments où les hommes semblent incapables de discerner la vérité. Ainsi que nous l'avons dit plus haut, le parti-pris contre le système des deux chambres était, en 1848, presque général dans le public. Parmi les représentants du peuple, les uns étaient résolus, en souvenir de ce qu'avaient décidé la Constituante de 1789 et la Convention de 1793, à voter pour une assemblée unique; les autres, effrayés des entreprises de la révolution, ne voyaient de salut que dans la dictature légale d'une seule chambre. Lors donc qu'on alla aux voix sur l'adoption de l'amendement proposé par MM. Duvergier de Hau-

ranne et Rouher en faveur de l'établissem nt d'une seconde chambre, cet amendement fut repoussé par
530 voix contre 280. M. Barthélemy-Saint-Hilaire essaya
ensuite en vain de soutenir un autre amendement, aux
termes duquel le pouvoir législatif n'aurait été que *provisoirement* confié à une assemblée unique : on ne lui
permit pas de le développer.

Et voilà comment la seconde république rejeta le système des deux chambres (1), réalisant ainsi cette belle combinaison de l'unité du pouvoir législatif et de l'unité du
pouvoir exécutif, émanant tous deux de la nation, et, au
nom de la prétendue indivisibilité de la souveraineté
nationale, mis vis à-vis l'un de l'autre avec une égale
indépendance et sans autorité intermédiaire ! On sait ce
qui en résulta : les événements n'attendirent pas plus de
trois ans pour montrer ce que valait le régime préconisé
par MM. Marrast, Dupin et de Lamartine. En annonçant
dans son discours du 27 septembre 1848 que la France
verrait bientôt, soit le despotisme multiple et anonyme
d'une nouvelle Convention, soit l'usurpation du président de la république, M. Rouher ne croyait sans doute
pas être aussi bon prophète !

(1) Afin d'éviter la faute commise en 18·8, l'Assemblée nationale
devrait, à notre sens, établir deux chambres : la Chambre des représentants, élue pour quatre ans, se renouvelant en entier et comptant
4·0 à 500 membres ; le Sénat, élu pour huit ans, se renouvelant
par moitié et ne comptant que 200 à 250 sénateurs, choisis dans
certaines catégories d'éligibles. Ces deux assemblées seraient nommées par le suffrage universel, mais il faudrait préalablement
épurer ce mode de suffrage : exiger deux ans de domicile, étendre
les incapacités par suite de condamnations judiciaires, porter l'âge
de l'électorat à 25 ans, suspendre l'exercice du droit de vote pour
les indigents exemptés du paiement de la contribution personnelle
ou inscrits aux bureaux de bienfaisance.

VIII

Attributions et organisation du Sénat. d'après la Constitution de 1852. — Extension et transformation du rôle du Sénat par les sénatus-consultes de 1852, 1861, 1867, 1869, 1870. — Le Sénat du second empire a eu une influence politique presque nulle. — L'insuccès de la pairie viagère et du Sénat a vie, montre qu'en France la première chambre n'aura de crédit que si elle est élective. — Causes accessoires de l'impopularité du Sénat.— Amendement proposé en 1869, par M. Bonjean pour rendre le Sénat en partie électif: il est repoussé. — Les publicistes les plus autorisés demandaient vers la fin de l'empire que le Sénat tout entier devînt électif. — Emile Ollivier combattit ce système en 1870.— Réponse qu'on pouvait faire à ce ministre.

Les dix-huit années pendant lesquelles ont fonctionné les institutions impériales sont trop rapprochées de nous, pour qu'il soit nécessaire de beaucoup s'étendre sur l'organisation donnée au pouvoir législatif par l'héritier de Napoléon Ier. Néanmoins, il est intéressant de faire ressortir tout d'abord que le fondateur du second empire a jugé utile, en dépit de ses tendances démocratiques et de son respect pour le suffrage universel, d'opposer à la Chambre des députés un Sénat nommé par lui-même, et de se prémunir contre les empiétements possibles des élus de la nation, par la création d'une assemblée qui, d'après la proclamation du 14 janvier 1852, devait être composée « des éléments qui, dans tout pays, créent les influences légitimes : le nom illustre, la fortune, le talent et les services rendus. »

En vertu de la Constitution du 14 janvier 1852, le rôle fondamental du Sénat était de veiller au maintien de la Constitution et des libertés publiques. En cette qualité, il devait examiner, au point de vue constitutionnel, les projets de loi adoptés par le Corps législatif, et s'opposer à la promulgation des lois qui seraient contraires ou qui porteraient atteinte à la Constitution, à la religion, à la morale, à la liberté des cultes, à la liberté individuelle, à l'égalité des citoyens devant la loi, à l'inviolabilité de la magistrature. Il avait en outre le droit de régler par des sénatus-consultes tout ce qui n'avait pas été prévu par la Constitution et était nécessaire à sa marche, et d'interpréter les articles de la Constitution ; de maintenir ou d'annuler tous les actes qui lui étaient déférés comme inconstitutionnels par le gouvernement, ou dénoncés pour la même cause par les pétitions des citoyens ; de proposer des modifications à la Constitution ; de poser, dans un rapport au chef de l'État, les bases de projets de loi d'un grand intérêt national ; de pourvoir, sur la proposition du chef de l'État, en cas de dissolution du Corps législatif et jusqu'à une nouvelle convocation, à tout ce qui était nécessaire à la marche du gouvernement ; enfin de régler la Constitution de l'Algérie et de s'opposer à la promulgation des lois qui pourraient compromettre la défense du territoire (1).

Les sénateurs étaient, à la nomination du chef de l'État, inamovibles et à vie ; leur nombre, y compris les sénateurs de droit, était fixé à 150 ; leurs fonctions devaient être gratuites (2).

Chacun se rappelle que ces différentes dispositions ont été complétées et modifiées à plusieurs reprises. Ainsi le sénatus-consulte du 25 décembre 1852 affecta à la dignité du sénateur une dotation annuelle de 30,000 fr., porta à 150 le nombre des sénateurs nommés directement par l'empereur, et ajouta aux sénateurs de droit, maréchaux, amiraux et cardinaux, les princes français

____

(1) Voir les articles 25 à 33 de la constitution du 14 janvier 1852.
(2) Voir les articles 1 à 24 de ladite constitution.

lorsqu'ils auraient atteint l'âge de 18 ans accomplis (articles 7, 10, 11). Puis le sénatus-consulte du 2 février 1861 permit le compte-rendu *in extenso* et analytique des discussions du Sénat. Celui du 16 mars 1867 autorisa le Sénat à examiner le mérite, et non plus seulement la constitutionnalité, des lois adoptées par le Corps législatif, et à solliciter, par une résolution motivée, une nouvelle délibération de la part de ce Corps. Celui du 8 septembre 1869 édicta que les sénateurs pourraient à l'avenir être ministres, et qu'ils jouiraient de la faculté d'interpeller le gouvernement; que les séances du Sénat seraient publiques; qu'en renvoyant une loi à une nouvelle délibération du Corps législatif, il pourrait indiquer les modifications dont cette loi lui paraîtrait susceptible; et qu'il lui appartiendrait de mettre en accusation les ministres (art. 2, 3, 4, 5, 7). Enfin le Sénatus-consulte du 20 avril 1870, ratifié par le plébiscite du 8 mai suivant, changea le caractère du Sénat, en lui enlevant le pouvoir constituant, pour le faire passer aux mains du peuple, qui devait l'exercer, sur la proposition de l'empereur, au moyen de plébiscites; en disposant que la puissance législative s'exercerait collectivement par l'empereur, le Sénat et le Corps législatif; que l'initiative des lois leur appartiendrait à tous les trois également; que les projets de lois dus à l'initiative gouvernementale pourraient être portés soit au Sénat, soit au Corps législatif; que ces deux chambres voteraient et discuteraient les lois dans les mêmes conditions; et que le nombre des sénateurs pourrait être porté aux deux tiers de celui des députés, y compris les sénateurs de droit (art. 11, 12, 26, 30, 41).

Toujours empressé à réaliser la pensée du souverain, même dans le sens de la liberté, le Sénat impérial se transforma donc peu à peu lui-même à mesure que l'empereur se relâcha de la dictature de 1852; il changea et agrandit ses propres attributions; lorsque dans les derniers temps le régime parlementaire fut établi, il accepta de devenir une véritable chambre haute, comme l'avait été la Chambre des pairs sous Louis Philippe. Le Sénat a donc joué sous le règne de Napoléon III un rôle constitutionnel important; il a été l'instrument de l'évolution libérale de l'empire. En outre, on ne peut pas nier qu'il ne comptât parmi ses membres beaucoup d'hommes de mérite. Cependant avait-il une réelle influence sur l'opinion publique? Les députés se préoccupaient-ils de son blâme ou de son approbation? Le chef de l'Etat avait-il confiance dans son appui et dans son contrôle? Les citoyens se fiaient-ils à ses lumières, à sa fermeté, et lui savaient-ils gré du libéralisme de ses sénatus-consultes? Nous serions désolé de blesser d'honorables susceptibilités; mais en vérité nous ne faisons que constater un fait, en répondant négativement à toutes ces questions.

Notre seul but en les posant est d'établir qu'à l'exemple des pairs de Louis-Philippe, les sénateurs de Napoléon III n'ont pas su conquérir une grande situation aux yeux du pays. Comme eux, ils étaient traités d'assemblée sans indépendance et sans énergie; comme eux, ils étaient incapables, soit de protéger efficacement la Couronne dans un moment de crise, soit d'arrêter les entraînements révolutionnaires de la Chambre élective, soit de contraindre le gouvernement à ne pas se lancer ou bien à s'arrêter dans une folle entreprise. Bref, le Sénat et la pairie à vie n'ont pas atteint le but que l'on est en droit d'attendre de l'existence d'une Chambre haute.

Pourquoi en a-t-il été ainsi? Et ce fait prouve-t-il que

la théorie de la dualité des Chambres est une illusion?

Non; si les pairs et les sénateurs nommés à vie par le souverain n'ont pu obtenir aucun ascendant, c'est que leur élévation à la dignité de sénateur ne dépendait que de la bienveillance du chef de l'Etat. Lorsque dans une nation, la conviction intime de l'immense majorité des citoyens est qu'ils ont le droit de se gouverner librement, c'est-à-dire conformément aux volontés manifestées par les représentants qu'ils ont choisis ; lorsque, de plus, on n'admet dans cette nation aucun privilége, aucune inégalité ; lorsque ni la naissance, ni la fortune, ni l'éclat des services rendus, n'y sont des titres reconnus à l'estime et à la considération, est-il possible d'espérer la moindre popularité pour un corps politique, qui doit uniquement son origine à la faveur du monarque? Or, nous sommes incontestablement la nation la plus démocratique de l'Europe : une Chambre haute, qui n'est pas élective, est donc assurée de rencontrer chez nous le dédain, la malveillance, la jalousie de la généralité des citoyens. Recrutés en dehors de toute élection, la pairie du gouvernement de Juillet et le Sénat du second Empire étaient en conséquence des institutions mal comprises, des essais maladroits pour fortifier le trône ; et la seule conclusion à tirer de leur échec, c'est qu'en France il est nécessaire que les membres de l'une et de l'autre Chambre soient à l'avenir élus.

Les institutions doivent en effet être en rapport avec les idées du temps et avec les mœurs de chaque peuple. Ainsi on conçoit qu'en Angleterre, en Autriche, en Prusse, où la noblesse est respectée, où les grandes fortunes territoriales exercent une énorme influence, où le prestige de la royauté est encore intact, où les masses ne sont pas pénétrées de ce prétendu axiome, que la volonté populaire doit être l'unique source de tous les pouvoirs, on conçoit que dans ces États les Chambres hautes aient une origine aristocratique, car l'aristocratie y est une force sociale et elle a besoin d'avoir une représentation spéciale. Mais en France, où l'aristocratie n'existe plus, où la démocratie règne en maîtresse absolue, où le culte monarchique est fortement ébranlé, où le principe électif est le seul qui nous reste, que représentent des pairs ou des sénateurs choisis par le souverain, et quel est leur poids dans la balance des pouvoirs, en comparaison de celui des députés élus par le suffrage universel ? Que si l'on s'incline devant la justesse de ces considérations, on avouera que les conditions d'une bonne organisation de la première Chambre ont été méconnues depuis 1831, et on ne s'étonnera plus qu'elle ait fonctionné sous deux régimes pourtant très-dissemblables, au milieu de la profonde indifférence de la nation et sans profit pour l'harmonie ni pour l'équilibre des pouvoirs.

Trois causes ont, du reste, puissamment contribué à à affaiblir sous l'Empire l'autorité morale du Sénat. Comme il n'a eu le droit jusqu'en 1867 que d'examiner les lois au point de vue de leur constitutionnalité, ses discussions ont paru au public dénuées d'intérêt, et on s'est habitué à le considérer comme une simple Chambre d'enregistrement. En second lieu, un parfait accord ayant existé sur presque toutes les questions entre la quasi-unanimité des sénateurs et le gouvernement, leur indépendance est vite devenue problématique, et l'opinion ne s'est préoccupée que des débats du Corps législatif, où les luttes étaient animées, où l'ardeur des passions se faisait sentir, où l'attaque et la défense étaient brillantes. Enfin la dotation sénatoriale de trente mille francs a produit un triple inconvénient : elle a con-

duit le gouvernement à estimer que les siéges au Sénat étaient de fructueuses retraites, dont les titulaires devaient se montrer reconnaissants en s'abstenant des critiques et en votant avec docilité ; c'' · a inspiré à presque tous les sénateurs la pensée qu'ils étaient de hauts fonctionnaires, et que, par suite, un de leurs premiers devoirs était de ne pas tomber dans l'opposition ; elle a excité la jalousie populaire qui, suivant une remarque d'Alexis de Tocqueville (1), s'adresse dans toutes les démocraties aux gros traitements, et on allait partout répétant, dans les salons comme dans les ateliers, que si de toutes les places gouvernementales les plus payées étaient celles de sénateurs, c'était, à n'en pas douter, parce qu'elles constituaient des sinécures.

Un certain nombre d'hommes éclairés s'étaient émus dans les dernières années de l'Empire du rôle effacé que jouait le Sénat, et ils n'avaient pas trouvé d'autre moyen de lui donner la vie, d'en faire, en réalité comme en théorie, le premier corps de l'Etat, que de le rendre, au moins pour partie, électif. Lors de la discussion du sénatus-consulte du 8 septembre 1869, un magistrat éminent, M. Boujean, déposa un amendement en ce sens. Il demanda que le Sénat se composât, outre les sénateurs de droit, de quatre-vingt-neuf sénateurs nommés à vie par l'empereur, et de quatre-vingt-neuf sénateurs élus pour six ans par les Conseils généraux des départements, et renouvelables par moitié de trois ans en trois ans. Ce système, en juxtaposant dans la même Assemblée deux éléments contraires, prêtait, à notre avis, singulièrement à la critique. Aussi fut-il repoussé et par la

(1) Voir « la démocratie en Amérique », t. II, p. 73-77.

Commission et par le Sénat; les extraits suivants du rapport de M. Devienne font connaître les motifs qui ont déterminé le rejet de la proposition Bonjean :

« Dans les États monarchiques, le choix du souverain, accompagné de l'hérédité ou de l'inamovibilité, a semblé le moyen le plus simple de constituer une Chambre modératrice. La sécurité de situation, les garanties d'étude et d'expérience, sont les qualités que demande le mandat spécial de ce corps délibérant, qu'on désigne en général sous le nom de Sénat; aussi cette forme d'établissement s'est-elle constituée comme d'elle-même et sans contradiction dans notre pays et dans beaucoup d'autres. Il a fallu l'empressement du jour à tout mettre en question pour faire naître sur ce point des dissentiments. — Mais si quelque chose pouvait convaincre de la sagesse de cette organisation constitutionnelle, ce seraient les difficultés que l'auteur de l'amendement n'a pu éviter, en projetant la mise en œuvre du système contraire. — Que dirait-on si, pour modérer l'action du Corps législatif, on proposait d'y introduire une moitié de membres nommés à vie? Cette proposition est cependant aussi logique que celle de l'amendement. Elles doivent faire naître la même impression...... Représentez-vous le Sénat partagé en deux moitiés différentes : d'un côté, les anciens de cette Assemblée, avec une attitude que donne inévitablement le long et indépendant exercice de l'autorité, avec cette longanimité, cette tempérance de langage et d'action qui sont à la fois pour eux devoir et habitude, et, de l'autre, un corps étranger leur arrivant avec ensemble, dans l'agitation que donne la fièvre électorale, avec cet empressement de justifier son mandat par des manifestations accentuées qui accompagnent toujours le nouvel élu. Comprenez-vous l'harmonie s'établissant entre des éléments si complètement opposés (1). » A ces considérations, le rapport de M. Devienne en ajoutait quelques autres, spé-cialement dirigées contre l'intervention des Conseils gé-néraux dans la nomination d'une moitié du Sénat.

Le système mixte mis en avant par M. Bonjean n'était pas, du reste, celui que soutenaient les publicistes parti-sans d'un Sénat électif. Ils voulaient avec raison que tous les sénateurs fussent élus, et ils demandaient, en général, que leur nomination appartînt aux Conseils généraux. Le feu duc de Broglie et Prévost-Paradol étaient notamment de cet avis. Il fit impression; beaucoup d'esprits s'y rallièrent. Le gouvernement ne l'adopta pas, mais il le crut digne d'un sérieux examen, et voici en quels termes Emile Ollivier le combattit dans l'exposé des motifs joint au projet de sénatus-consulte portant modification de la Constitution de 1852 :

« Le droit de choisir les membres d'une seconde Chambre est, en France, un des attributs de la Couronne. Le peuple, en instituant la dynastie, lui a délégué ce droit, aussi bien que celui de nommer les magistrats; l'inamovibilité a paru, dans les deux cas, la sauvegarde suffisante de l'indépendance de l'autorité. On a rapproché à tort les Conseils généraux des législatures américaines. En Amérique, l'organisation du Sénat, dans toutes ses parties, n'est que la conséquence du régime fédératif. — Tous les systèmes électifs, qui ont été soutenus jusqu'à ce jour, ne nous ont pas paru plus satisfaisants. Ils affai-bliraient le Sénat au lieu de le fortifier, et le réduiraient à n'être plus que la contrefaçon effacée du Corps légis-latif. Pourquoi, d'ailleurs, dans un grand pays de suffrage

_____

(1) Voir le rapport de M. Devienne, inséré au *Journal officiel* du 27 août 1869.

universel tout livrer aux chances de l'élection ? Pourquoi ne pas se réserver le moyen de récompenser des services éminents, de grouper les illustrations du pays, d'utiliser leur expérience, et, en même temps, d'introduire dans la vie publique, de former à l'étude, à la discussion, au maniement des affaires, des hommes distingués qui, n'ayant ni l'influence locale, ni la faveur populaire qui assurent les succès électoraux, resteraient toute leur vie à l'écart, inutiles et impatients, si le pouvoir n'était pas laissé à l'empereur de les reconnaître, de les appeler et de les mettre en communication avec le pays (1)? »

Il eût certes été facile de répondre à cette argumentation, car il y a d'autres moyens pour un gouvernement de récompenser des services éminents et de grouper les illustrations du pays, que de les gratifier de la qualité de législateurs. En outre, la question n'est pas de savoir si, d'une façon absolue, le choix des membres de la première Chambre confié au souverain ne présente pas certains avantages; mais si chez nous, en France, avec le principe de la souveraineté du peuple, avec notre mépris des supériorités sociales, avec nos perpétuelles élections politiques, départementales, municipales. commerciales, industrielles, si dans ces conditions, une Assemblée uniquement recrutée par le pouvoir, est susceptible d'accomplir une haute mission législative et de protéger à la fois la société et la Constitution établie. Enfin, en admettant que la première Chambre devenue élective soit condamnée à marcher à la remorque de la Chambre des députés, cette hypothèse ne prouve absolument rien, attendu que les Chambres hautes des deux derniers

(1) Voir l'exposé des motifs inséré au *Journal officiel* du 29 mars 1870.

règnes n'ont été elles-mêmes, on en conviendra, que de bien pâles reflets des Chambres électives, malgré le soin qu'ont pu mettre à les choisir les souverains et leurs ministres. Ces objections eussent été, ce nous semble, malaisées à réfuter ; mais aucun sénateur ne les présenta en 1870, et l'article du sénatus-consulte qui maintenait à l'empereur droit de nommer les membres du Sénat, fut voté sans contestation.

Quoi qu'il en soit, il ressort de ce qui précède que la faiblesse de la Chambre haute et la nécessité de lui donner une origine plus populaire, étaient des vérités vivement senties par l'opinion publique vers la fin de l'empire. Il est également certain qu'en dépit des importantes attributions que lui conférait la Constitution, le Sénat a été en fait un corps sans consistance politique, sans autorité sur le gouvernement et sans influence sur le pays. Les mêmes défauts avaient été ceux de la Chambre des pairs sous Louis-Philippe, et du Sénat sous Napoléon Ier. L'expérience a donc prononcé, le résultat qu'elle accuse est confirmé par le raisonnement, et il nous paraît acquis que si jamais une monarchie quelconque essaie en France de reconstituer une Chambre haute sur les bases de 1831 ou de 1852, cette épreuve échouera comme les précédentes.

DEUXIÈME PARTIE.

Toutes les constitutions étrangères, moins celle de la Grèce, admettent la dualité des Chambres. — L'organisation de la Chambre haute dans les différents Etats peut se ramener à deux types principaux.

Après avoir exposé les discussions qui ont eu lieu entre nos hommes d'Etat, depuis 1789 jusqu'à l'époque actuelle, sur la question des deux chambres, ainsi que les solutions diverses que cette question a reçues, le moment est venu de jeter un rapide coup d'œil sur les dispositions des législations étrangères, qui règlent l'organisation et les attributions de la Chambre haute chez les différents peuples (1). Cette étude est de nature à impressionner vivement tous les esprits impartiaux et à jeter sur le parti qu'il s'agit en définitive d'adopter plus de lumière que les plus longs raisonnements.

Pour peu, en effet, que l'on consente à admettre que, si une institution a été consacrée par les constitutions de toutes les nations libres, c'est qu'elle présente un caractère évident d'utilité et qu'elle est un des fondements indispensables des gouvernements modernes; on s'incli-

(1) Nous avons puisé la plupart de nos renseignements sur les législations étrangères dans le Recueil des constitutions de M. Laferrière, maître des requêtes au Conseil d'Etat.

nera devant le principe de la dualité des chambres, car partout il est mis en pratique et partout on se trouve bien de son application. Il n'y a qu'une contrée en Europe où le système de l'unité de chambre ait triomphé : cette contrée est la Grèce. N'est-ce pas le cas d'appliquer ici le proverbe, que l'exception confirme la règle ? Les agitations politiques dont ce petit royaume est depuis sa fondation le théâtre n'en font point, en tous cas, un modèle bon à suivre.

Les chambres hautes, on le conçoit aisément, sont loin d'avoir reçu en tous lieux une organisation semblable. Cette organisation varie suivant les mœurs, les tendances, l'histoire de chaque peuple. Ainsi la Chambre des Lords d'Angleterre est héréditaire ; la première Chambre comprend à la fois des membres héréditaires et des membres à vie, en Prusse, en Autriche, en Bavière, en Wurtemberg, dans le Grand-duché de Bade et en Portugal ; les sénateurs Italiens et Brésiliens ne sont nommés qu'à vie ; enfin la première Chambre est élective aux Etats-Unis, en Belgique, aux Pays-Bas, en Danemarck, en Suède, en Norwège, en Suisse, en Roumanie, en Espagne et dans la plupart des grandes Colonies Anglaises (1).

Comment ne remarquerait-on pas, à la simple lecture de cette sorte de tableau, d'abord que la nomination des membres de la Chambre haute n'appartient au souverain que dans les pays où l'aristocratie est encore aujourd'hui puissante ? Que l'hérédité de la pairie a paru dans la plupart de ces pays une mesure nécessaire, afin d'augmenter son prestige et sa force ? Enfin que les sénats électifs sont

(1) Si le Conseil fédéral de l'empire d'Allemagne ne figure pas dans cette énumération, c'est qu'il a une organisation toute particulière, ainsi qu'on le verra plus loin.

plus nombreux qu'on ne le pense généralement, et qu'on en trouve non seulement dans des républiques, mais aussi dans des états monarchiques?

I

Attributions, composition et mode de nomination de la Chambre des Lords. — Causes de son légitime ascendant. — Dans les États allemands, les Chambres hautes sont la représentation de la noblesse. — Composition des Chambres des Seigneurs en Prusse, en Bavière, en Wurtemberg, dans le duché de Bade : membres héréditaires et à vie, quelques-uns électifs. Leurs attributions. — Organisation et attributions du Conseil fédéral allemand, son caractère spécial. — Composition de la Chambre des Seigneurs en Autriche et de la Chambre des pairs en Portugal : membres héréditaires et à vie. Leurs attributions. — Les Sénateurs italiens nommés à vie et choisis par le roi dans certaines catégories. — Les Sénateurs brésiliens nommés à vie et choisis par l'Empereur parmi des candidats élus. — La Chambre haute n'est en définitive à la nomination du souverain que dans les États profondément monarchistes et aristocratiques.

Personne n'ignore le jeu des institutions parlementaires des Anglais, et la grande influence dont jouit la Chambre des Lords auprès de toutes les classes de la population britannique. On sait que l'initiative des lois appartient à chacune des deux chambres, concurremment avec la couronne ; que le droit de voter et d'amender les lois est entier pour l'une comme pour l'autre ; que le ministère est responsable devant toutes deux ; que les Lords comme les députés aux communes peuvent devenir ministres ; que la dissolution de la Chambre des communes a pour conséquence la prorogation de la Chambre des Lords, jusqu'à ce que le Parlement soit reconstitué ; que la mise en accusation des ministres peut être prononcée par la Chambre des communes, et que leur jugement rentre dans les attributions de la Chambre des Lords. Le seul point sur lequel le pouvoir des Lords diffère de celui des communes, consiste en ce que les Lords ne sauraient valablement proposer aucuns subsides ni apporter de changements soit au budget, soit à tout autre bill d'impôt, attendu que les communes seules ont le droit d'accorder des fonds à la couronne et de fixer tout ce qui concerne la nature, le mode d'imposition, la mesure et la durée des taxes.

Du reste ce n'est pas tant le nombre et l'importance de ses attributions que la façon véritablement supérieure dont elle s'acquitte de sa haute mission, qui a fait jusqu'ici la grandeur de la Chambre des Lords. Son origine est purement aristocratique, et si les masses lui sont malgré cela sympathiques, c'est que depuis des siècles elles sont habituées à la respecter, et qu'elles l'ont toujours vue aussi ardente que les membres élus des communes à améliorer leur sort et à assurer la prospérité nationale.

La Chambre des Lords se compose de pairs spirituels et de pairs temporels. Trente archevêques et évêques sont pairs spirituels. Siégent comme lords temporels : les princes de la famille royale appelés à la pairie, les lords tenant la pairie d'un titre héréditaire ou l'ayant reçue au même titre de la faveur royale (1), seize lords Ecossais élus pour chaque session par les lords d'Ecosse, enfin vingt-huit lords Irlandais élus à vie par la pairie d'Irlande. La Chambre des Lords compte actuellement 478 membres.

Le droit pour la couronne de créer des pairs est illimité ; « le roi pourrait faire légalement, dit lord Lyndhurst, une fournée de cent pairs à la fois, et élever à la pairie

___

(1) La couronne pourrait légalement nommer des pairs à vie ; mais depuis des siècles elle ne confère la pairie qu'à titre héréditaire.

tout un bataillon de la garde. » Les souverains d'Angleterre ont usé largement de ce droit de nomination ; ainsi, de 1760 à 1837, on compte 781 personnages élevés à la pairie. Depuis son avénement jusqu'au 1ᵉʳ janvier 1873, la reine Victoria a de son côté créé 127 pairs. Néanmoins la pairie n'a jamais été déconsidérée par des promotions trop nombreuses ni trop fréquentes ; aussi est-elle restée un honneur très-envié, et elle n'est accordée, indépendamment de toute considération de naissance, qu'à des personnages parvenus à une haute position politique, ou distingués soit par de grands talents, soit par l'éclat de la fortune.

Deux considérations expliquent pourquoi les libéraux anglais n'ont pas protesté jusqu'à présent contre le mode de recrutement de la Chambre des Lords. En premier lieu, le choix des nouveaux pairs ne dépend point de l'arbitraire royal, il constitue en fait une prérogative ministérielle, et il est exercé par les hommes qui représentent le mieux l'opinion publique, par ceux qui sont investis de la confiance du Parlement. En second lieu, les membres de la Chambre des Lords, à l'exemple d'ailleurs de ceux des communes, ne touchant pas de traitement et ne jouissant d'aucun privilége au point de vue des charges publiques, l'envie ne s'attaque point à eux. Comme le dit Edouard Fischel dans son ouvrage sur la Constitution de l'Angleterre, « l'égalité devant la loi est de droit commun depuis des siècles dans le Royaume-Uni. Cette égalité devant la loi est le point cardinal de tous les droits constitutionnels du pays... Aucune loi n'empêche le fils d'un paysan d'atteindre aux plus hautes dignités dans l'Église et dans l'Etat. Une mésalliance entre la noblesse et la roture, l'exclusion de celle-ci du bénéfice de l'acquisition de biens nobles, ces idées-là sont aussi étrangères au droit anglais que l'immunité d'impôts des grands propriétaires nobles.... En Angleterre, des fidéicommis de famille ou majorats peuvent être constitués par chacun Le droit d'aînesse est de principe dans la succession des biens-fonds en général ; admis par le droit commun du pays, il n'y est pas un privilége de la noblesse. En droit, les Anglais ne connaissent pas à proprement parler de noblesse. La pairie ne constitue pas une classe, c'est une dignité. » Heureuse Angleterre, dans laquelle les premiers de la nation ont compris de bonne heure que, pour rester au premier rang parmi leurs concitoyens, ils ne devaient accepter de priviléges d'aucune sorte, se contenter d'être une illustre aristocratie et ouvrir leurs rangs à toutes les illustrations, même les plus roturières ! Combien ne devons-nous pas regretter qu'avec ses grands talents et son patriotisme, la noblesse française n'ait pas jadis compris ainsi son rôle !

Dans les différents États de l'Allemagne, les Chambres hautes sont organisées de telle sorte qu'elles soient avant tout la représentation de la noblesse ; cette classe a conservé, on le sait, plus de cohésion et plus d'influence en Allemagne que partout ailleurs. Les Chambres des Seigneurs, tel est leur nom, ont donc une force, une vitalité propres ; elle constituent réellement un troisième pouvoir placé entre le Trône et la Chambre des députés ; elles serviraient au besoin de rempart au premier, et elles modèrent les aspirations des élus du peuple vers les innovations et les réformes. Leur respect des traditions, leur hostilité pour les idées de progrès ne sauraient, du reste, entraver l'accord du roi et des députés ; car la couronne peut, en nommant de nouveaux membres, modifier la majorité dans la Chambre haute. Mais le dévouement, la déférence des seigneurs pour leur souverain sont tels, qu'il est bien rare de ne pas les voir s'incliner devant sa volonté formelle, et qu'ils ne le réduisent pas à abuser de l'arme dangereuse des fournées.

En Prusse la première Chambre est composée de membres héréditaires, de membres à vie, de membres à temps et de princes de la maison royale appelés par le roi à siéger après avoir atteint leur majorité. Les membres héréditaires sont les chefs des anciennes maisons souveraines relevant de l'Empire, les chefs de quelques autres familles seigneuriales, et les personnages qui ont reçu du roi un titre héréditaire ou auxquels ce titre est échu par succession. Les membres à vie sont choisis par le roi parmi des candidats présentés par les chefs de famille de grande propriété foncière et par les Comtes possédant fief. Les membres à temps siègent avec l'agrément du roi; ils sont nommés par les universités et par certaines municipalités à qui le droit de présentation a été octroyé. A l'exception des princes du sang, nul ne peut siéger à la première Chambre avant l'âge de trente ans. Les membres de cette Chambre ne reçoivent pas de traitement ni d'indemnité. Leur nombre n'est pas limité (1).

En Bavière, la Chambre des seigneurs est composée de princes majeurs de la maison royale, des officiers de la couronne, des chefs des familles d'empire, de deux archevêques, d'un évêque et du président du Consistoire général protestant, des personnes investies d'un droit héréditaire, et de celles qui ont été nommées à vie par le roi, en considération de services rendus à l'État, de leur naissance ou de leur fortune. L'hérédité ne peut être

_____

(1) Voir l'ordonnance du 12 octobre 1854, sur la composition de la première chambre.

accordée qu'aux propriétaires fonciers nobles, possédant des biens-fonds substitués et cotisés au moins à trois cents florins d'impôt foncier ; la dignité de membre héréditaire de la Chambre des seigneurs est transmise par succession au bénéficiaire du majorat. Le nombre des membres à vie ne doit pas dépasser le tiers des membres héréditai-res. Les membres de la Chambre des Seigneurs ont entrée dans cette chambre au moment de leur majorité, mais ils n'ont le droit de vote qu'à vingt-cinq ans révolus. Ils ne sont pas rétribués (1).

Dans le royaume de Wurtemberg, la première Chambre se compose des princes majeurs de la famille royale, des chefs majeurs des familles d'empire, et des membres nommés par le roi, soit à titre héréditaire, soit à vie. L'hérédité ne peut être conférée qu'à des nobles justifiant d'une propriété immobilière substituée, d'un revenu net annuel de 6000 florins au minimum. Les membres à vie peuvent être choisis par le roi sans égard à leur fortune ni à leur naissance. Le nombre des membres nommés par le roi en une qualité quelconque ne peut excéder le tiers des autres membres de la Chambre (2).

La première Chambre du Grand-Duché de Bade est composée des princes majeurs de la maison Ducale, des chefs majeurs des familles dites d'Etat, de l'evêque du Grand-Duché, d'un ecclésiastique protestant nommé à vie, de huit députés de la noblesse, de deux députés des universités, et des membres à vie nommés par le Grand-Duc, sans distinction de rang ni de naissance. Le nombre de ces derniers ne peut dépasser huit. Les chefs des familles nobles à qui le Grand-Duc accorde la dignité

(1) Voir la constitution bavaroise, titre 6, art. 1-4.
(2) Voir la constitution du Wurtemberg, art. 128-134.

de haute noblesse entrent dans la première Chambre comme membres héréditaires, pourvu qu'ils possèdent, en vertu du droit d'ainesse, un bien patrimonial ou un fief estimé, déduction faite des charges, à 300,000 florins. Les députés de la noblesse sont élus, suivant certaines distinctions, par les propriétaires de terres seigneuriales et de biens nobles; ils doivent être âgés de vingt-cinq ans, sont nommés pour huit ans et sont renouvelables par moitié tous les quatre ans. Les professeurs des deux universités élisent leurs députés pour quatre ans et les choisissent soit parmi eux, soit parmi les hommes de lettres ou les fonctionnaires publics (1).

Quant aux attributions des Chambres hautes en Prusse, en Bavière, en Wurtemberg et dans le pays Badois, elles sont telles que les comporte le régime parlementaire. Ainsi l'accord du roi et des deux Chambres est nécessaire à la validité des lois, et les propositions législatives qui ont été repoussées par l'une des deux Chambres ne peuvent plus être représentées dans le cours de la même session; le gouvernement doit soumettre les lois d'impôts en premier lieu à l'examen de la Chambre des députés, mais il est libre de porter d'abord devant la Chambre des Seigneurs les autres projets de lois; l'une et l'autre Chambres ont un droit égal pour proposer et amender les lois, pour adresser des interpellations au ministère, pour recevoir des pétitions, etc. Elles peuvent accuser les ministres pour atteinte à la Constitution, trahison et corruption, mais le jugement appartient en ce cas à un tribunal suprême. En Wurtemberg, lorsqu'un désaccord survient entre la Chambre des seigneurs et la Chambre des députés, chacune peut nommer des délégués, avec mission de

(1) Voir la constitution badoise, art. 27-32.

s'expliquer et d'amener une entente. Bref l'importance politique de la première Chambre est chez les Allemands la même, sauf en matière financière, que celle de la seconde Chambre (1).

Il nous reste à faire connaître l'organisation de l'empire d'Allemagne. Elle offre elle aussi, jusqu'à un certain point, l'exemple de la division du pouvoir législatif entre deux assemblées. La contitution de la confédération de l'Allemagne du Nord, en date du 24 juin 1867, avait créé un Conseil fédéral composé des représentants des divers Etats confédérés, et le Reichstag ou Diète, émanant d'élections universelles et directes ; elle avait attribué à chaque Etat un nombre de voix dans le Conseil fédéral plus ou moins proportionnel à sa population; elle avait décidé que toute loi fédérale aurait besoin d'être approuvée par la majorité du Conseil et du Reichstag. La nouvelle constitution du 15 avril 1871 ne s'est pas écartée de ces bases.

Elle établit pour l'empire d'Allemagne un parlement composé de 382 députés, et un Conseil fédéral dans lequel cinquante-huit voix sont réparties entre les gouvernements confédérés. Chaque Etat de la Confédération peut nommer au Conseil fédéral autant de fondés de pouvoirs qu'il a de voix; toutefois les représentants d'un même Etat ne peuvent voter que dans un seul sens. Le Conseil fédéral statue sur les propositions à soumettre au Reichstag et sur les résolutions préparées par cette assemblée. Il fait soutenir ses propositions par quelques-uns de ses

(1) Voir les constitutions: prussienne, art. 44, 60, 61, 62, 64, 79, 81 ; bavaroise, titre VI, art. 18, 19, titre VII, art. 19, 21, 24, et loi du 25 juillet 1850, art. 13, 16, 18; wurtembergeoise, art. 167, 172, 176-181, 199; badoise, art. 60, 65, 67, 71, 76, 78.

propres membres ou par des commissaires spéciaux. Chaque membre du Conseil fédéral a le droit de faire des propositions et de les développer au sein du Conseil, il peut aussi se rendre dans le Reichstag et y exposer l'opinion de son gouvernement, quand même cette opinion n'aurait pas été partagée par la majorité du conseil. Huit commissions permanentes, dans chacune desquelles quatre États au moins doivent être représentées, sont nommées dans le Conseil pour s'occuper de l'armée, de la marine, des tarifs douaniers et des impôts, des affaires étrangères, etc. Le Conseil fédéral peut être convoqué sans le Reichstag, en vue de la préparation des travaux; mais le Reichstag ne peut être convoqué sans le Conseil fédéral. La présidence de ce corps appartient au chancelier de l'empire nommé par l'empereur. S'il se produit à l'occasion de lois sur la marine militaire, l'armée ou les impôts, un désaccord dans le conseil fédéral, la voix du président de la Confédération l'emporte, pourvu qu'il se prononce en faveur du maintien des dispositions existantes. Enfin toutes modifications à la constitution de 'Empire devront être considérées comme rejetées, quand, dans le sein du Conseil fédéral, quatorze voix se prononceront contre elles

Malgré le rôle bien défini que le Reichstag d'une part et le Conseil fédéral d'autre part sont appelés à remplir, malgré l'importance des fonctions dévolues à la seconde de ces assemblées, il est facile de discerner qu'elle n'est pas appelée à tenir, dans les institutions politiques de l'empire Allemand, l'office ordinaire d'une Chambre haute. Sans doute son existence a pour effet de donner aux lois la sanction d'une double délibération;

______

(1) Voir la constitution allemande, art. 5-9, 13-16, 78.

mais son but principal est autre, il est d'amener à une volonté commune les divers États confédérés. Les membres du Conseil ne sont pas nommés à vie ; ils sont révocables à volonté ; ils sont simplement de hauts fonctionnaires chargés d'exposer et de soutenir les vœux et les griefs de leurs gouvernements respectifs. Le Conseil fédéral est donc plutôt une réunion de plénipotentiaires qu'une Chambre haute.

Au contraire, le système des deux Chambres n'est pas une fiction et il est régulièrement appliqué dans l'empire d'Autriche. La Chambre des Seigneurs et la Chambre des députés y composent le Reichsrath. La première comprend, outre les princes majeurs de la famille impériale, des membres héréditaires et des membres à vie. Sont membres héréditaires les chefs majeurs des familles nobles, possédant de grandes propriétés foncières, auxquels l'empereur a conféré l'hérédité. Peuvent être nommés membres à vie les hommes éminents, quelles que soient leur naissance et leur fortune, qui se sont distingués par des services rendus à l'État, à l'Église, à la science ou à l'art. De plus, tous les archevêques et évêques ayant titre de princes de l'empire sont membres de la Chambre des seigneurs en vertu de leur haute dignité ecclésiastique. Ainsi constituée, la Chambre des seigneurs jouit en Autriche d'une légitime autorité. Les ministres sont d'ailleurs responsables devant elle comme devant la Chambre des députés ; d'accord avec celle-ci, elle peut les mettre en accusation devant une haute Cour de justice ; elle possède le droit d'initiative, d'interpellation, d'amendement, etc. (1). On n'a pas oublié, en effet, que

(1) Voir les lois du 21 décembre 1867, l'une sur la représentation de l'empire, art. 1-5, 13, 21, 23, l'autre sur l'exercice du pouvoir exécutif, art. 1, 2, 9.

depuis 1867 l'empire d'Autriche est doté du régime parlementaire : or la base de ce régime est le partage égal entre deux assemblées de la puissance législative et gouvernementale.

Le même régime existe en Portugal : il est donc superflu d'énumérer les droits qui appartiennent à la Chambre haute. Il suffira de savoir qu'elle porte le nom de Chambre des Pairs et qu'elle est composée de membres à vie et de membres héréditaires nommés par le roi sans limitation de nombre. En outre le prince royal et les Infants sont pairs de droit, mais ils ne peuvent siéger en cette qualité que lorsqu'ils ont accompli leur vingt-cinquième année. Les pairs ne touchent pas de traitement, et il leur est interdit d'exercer aucune autre fonction publique que celle de conseiller d'Etat ou de ministre. A la différence de ce qui se passe généralement, toutes les propositions de lois émanant du gouvernement doivent être d'abord soumises à la Chambre des députés ; c'est là une inégalité que ne compense qu'incomplètement le droit d'initiative accordé aux pairs comme aux députés par la constitution portugaise. Ajoutons que, contrairement à ce que nous avons vu en Autriche et en Allemagne, il appartient dans le Portugal à la Chambre des pairs de juger les ministres mis en accusation par les députés : c'est là une imitation anglaise (1).

Le Sénat italien peut de même être constitué en haute cour de justice pour juger les crimes de haute trahison et d'attentat à la sûreté de l'Etat et pour juger les ministres accusés par la Chambre des députés. Ses attributions poli-

(1) Voir la constitution du Portugal, art. 25, 31, 37, 39, 40, 41, 45.

liques sont celles de la Chambre des lords d'Angleterre,
de la Chambre des seigneurs d'Autriche. Les princes de
la famille royale font de droit partie du Sénat ; ils y entrent
à vingt ans et ont voix délibérative à vingt-cinq ans. Mais
les autres membres du Sénat ne peuvent qu'être nommés
à vie par le roi, être âgés de quarante ans accomplis, et
choisis parmi certaines catégories calquées sur celles
qu'avait adoptées chez nous la loi du 27 décembre
1831 (1).

Dans un pays où les idées démocratiques avaient fait
comme en France d'immenses progrès, on a donc jugé impossible de donner à la première Chambre un caractère
purement aristocratique, et on a pensé qu'elle n'aurait de
crédit qu'autant qu'elle représenterait l'élite intellec-
tuelle de la nation, qu'autant que la faveur royale ne
pourrait introduire dans ses rangs que les hommes les
plus illustres de l'armée, de la magistrature, de l'administration, du clergé, des lettres et des sciences.

Enfin, dans l'empire du Brésil, la nomination des sénateurs est également confiée au souverain, et elle ne peut
pas non plus s'exercer discrétionnairement. Mais, au lieu
de déterminer des catégories dans lesquelles les sénateurs seraient choisis, on a préféré combiner la nomination impériale avec le principe de l'élection. Il a été dans
ce but attribué à chaque province un nombre de sénateurs
égal à la moitié du nombre de ses députés ; les électeurs
qui nomment les députés élisent trois candidats pour
chaque place de sénateur, et l'empereur confère la dignité
de sénateur à vie au tiers des candidats qui lui sont présentés par chaque province. Lorsqu'un siège devient va-

(1) Voir le statut italien, art. 10, 33, 34, 36, 66, 67.

cant, une nouvelle élection a lieu, et un des trois candidats nommés est promu à ce siége par l'empereur. Pour devenir sénateur, il faut être âgé de quarante ans accomplis et jouir d'un revenu annuel quelconque, double de celui imposé aux députés, soit de 800,000 reis ou 4.896 francs (1).

Le gouvernement du Brésil étant parlementaire, les pouvoirs politiques et judiciaires du Sénat y sont tels que nous les avons vus dans les autres pays où le même régime est en vigueur. Toutefois les projets de lois dus à l'initiative gouvernementale doivent, ainsi qu'en Portugal, être examinés en premier lieu par la Chambre des députés.

Le lecteur connaît maintenant l'organisation de la Chambre haute dans tous les Etats où les membres de cette Chambre sont à la nomination du souverain. Il a pu remarquer que, dans les Etats dont il s'agit, les éléments de cette chambre existent de temps immémorial, que dans aucun le dogme de la souveraineté populaire n'est le fondement des institutions, enfin que, dans tous, l'attachement à la royauté s'y allie au respect des hiérarchies sociales. Depuis longtemps, on l'avouera, nous ne possédons plus en France aucun de ces avantages.

Les Etats dans lesquels il nous reste à étudier la constitution de la première Chambre ont compris que les idées et les mœurs n'y étaient plus ou n'y avaient jamais été assez aristocratiques, pour que leurs deux assemblées ne fussent pas l'une et l'autre électives. Ils ont donc voulu que les membres de la Chambre modératrice reçussent la consécration du suffrage de leurs concitoyens, et ils ont espéré qu'il

(1) Voir la constitution brésilienne, art. 14, 40-48, 52-54, 90.

en résulterait pour eux plus de force pour accomplir leur œuvre de contrôle à l'égard de l'autre Chambre. Ils n'ont différé que dans le mode d'élection d'où la première chambre devrait sortir et sur quelques autres points d'organisation intérieure.

II

En Belgique, le Sénat nommé par le même corps électoral que la Chambre des représentants, mais offrant certaines différences dans son organisation. — Aux Pays-Bas, la Chambre haute élue par les assemblées provinciales. — Même système en Suède. — Les deux Chambres nommées en Norwège par les mêmes électeurs dans un même scrutin, leurs membres se répartissant ensuite à leur gré entre chaque Assemblée. — La chambre haute Danoise élue par un mode de suffrage à deux degrés ingénieusement combiné. — Le Sénat espagnol nommé par un autre mode de suffrage à deux degrés ; catégories d'éligibles.— Le Sénat élu en Roumanie par les citoyens les plus imposés. — Organisation du Conseil des États de la république Helvétique. — Comment les États-Unis, après avoir établi une Chambre unique, ont été amenés à diviser le pouvoir législatif entre deux assemblées. — Organisation du Sénat américain. — Les 37 États de l'Union ont deux Chambres élues par les mêmes électeurs. Organisation du Sénat dans ces républiques. — But qu'ont poursuivi les Américains par l'établissement de Sénats électifs. — Organisation de la première Chambre dans les grandes Colonies anglaises. — Ce que décident, en résumé, les législations étrangères sur le mode d'élection de la Chambre haute, les conditions d'éligibilité, le nombre des membres, la durée du mandat, le mode de renouvellement, l'indemnité législative. — Attributions législatives et politiques de la première Chambre dans les divers États. — Du droit de veto et de la sanction. — De la mise en accusation et du jugement des ministres. — Du droit de dissolution et d'ajournement.

Les Belges ont confié l'élection des sénateurs aux citoyens qui nomment les députés, c'est-à-dire à ceux qui sont âgés de vingt et un ans accomplis, et qui paient 20 florins, soit 42 fr. 32 c., de contributions directes. Mais, afin que le Sénat ne fût pas une pure imitation de

la Chambre des représentants, ils ont spécifié que nul ne
pourrait être élu sénateur, s'il n'acquittait au moins
1,000 florins d'impositions directes, et s'il n'avait atteint
l'âge de quarante ans. En outre, ils ont limité le nombre
des membres du Sénat à la moitié des membres de l'autre
Chambre ; ils ont porté la durée du mandat sénatorial à
huit années, tandis que les représentants ne sont élus
que pour quatre ans ; ils ont accepté le renouvellement
par moitié pour le Sénat comme pour la Chambre des
représentants ; enfin, ils ont refusé tout traitement aux
sénateurs, tandis qu'ils ont accordé aux députés une indemnité mensuelle de 200 florins pendant toute la durée
de la session (1). Ce système présente un double avantage : il donne aux deux assemblées politiques un origine commune, moyen le plus sûr de leur procurer une
égale part d'influence, et il arrange les choses de façon
que la première Chambre ait plus d'expérience, plus
de maturité, soit plus attachée aux idées conservatrices,
soit moins dominée par l'opinion publique que la seconde Chambre.

La Constitution des Pays-Bas qui sur beaucoup de
points se rapproche de celle de la Belgique, en diffère
néanmoins quant au mode de recrutement de la première Chambre. Au lieu de la faire élire comme celle des
députés par les électeurs payant un cens de 20 florins en
impôts directs, elle attribue aux États provinciaux le
pouvoir d'en nommer les membres, et elle les oblige
à choisir ceux-ci parmi les habitants les plus imposés :
la proportion des éligibles est dans chaque province de

(1) Voir la constitution belge, art. 47-59, et les lois électorales
du 25 juillet 1834, 3 juin 1839, 12 mars 1848, 7 mai 1866, 30 mars
1870.

un sur trois mille habitants. La première Chambre est à peu près moitié moins nombreuse que la seconde. Ses membres touchent, comme les députés, une indemnité à raison de leurs travaux législatifs, et comme eux ils sont éligibles à trente ans. La durée de leur mandat est de neuf ans, et ils se renouvellent tous les trois ans par tiers : au contraire, les membres de la seconde Chambre ne sont élus que pour quatre ans, et sont renouvelables tous les deux ans par moitié (1).

Depuis 1866, la Diète suédoise se compose de deux Chambres, et les membres de la première sont, comme en Hollande, élus pour neuf ans par les Assemblées provinciales et par les assemblées municipales de Stockholm et de Gothembourg. Ne peuvent être élues à la première Chambre que les personnes âgées de trente-cinq ans accomplis, et qui possèdent, depuis trois ans avant l'élection, des immeubles évalués pour l'assiette de l'impôt à 80,000 riksdales au minimum, ou bien qui depuis le même temps paient à l'Etat l'impôt sur le revenu, d'après un revenu annuel d'au moins 4,000 riksdales. Les membres de la première Chambre sont au nombre de 125; ils ne peuvent toucher aucune indemnité pour leurs fonctions. Au contraire, on compte 183 membres dans la seconde Chambre, et il suffit à ceux-ci d'avoir vingt-cinq ans et de satisfaire à des conditions de cens de beaucoup moins rigoureuses; ils ne sont élus que pour trois ans, et ils reçoivent une indemnité de 1,200 riksdales par session (2).

En Norwège, la première Chambre est soumise à un mode de formation qui n'a nulle part ailleurs son analo-

---

(1) Voir la constitution néerlandaise, art. 76, 78, 81, 86.
(2) Voir la loi sur la représentation du 22 juin 1866, art. 6, 9, 12, 14, 19.

gie. En effet, la Diète norwégienne, ou Storthing, se divise en deux Assemblées; mais tous les membres du Storthing sont élus en même temps par les mêmes électeurs censitaires, et au moyen d'un suffrage à deux degrés. Il appartient ensuite aux membres du Storthing de se répartir, comme bon leur semble, entre les deux Chambres; ils choisissent le quart d'entre eux pour composer la première Chambre ou Lagthing, les trois autres quarts formant la seconde Chambre ou Odelsthing Il est évident que dans ces conditions l'existence de deux Assemblées n'a qu'un objet et ne peut avoir qu'un résultat : celui d'empêcher, par une double délibération, que des résolutions trop précipitées ne soient adoptées par le législateur (1).

La Constitution danoise, en créant deux Chambres, s'est proposé un but plus important : elle a voulu que la première représentât plus spécialement les idées d'ordre et de sage progrès. Pour cela, elle a décidé qu'elle sortirait d'un suffrage à deux degrés combiné d'une certaine façon, tandis que la seconde Chambre est élue par le suffrage direct et universel. La nomination de la première Chambre, ou Landsting, se fait de la manière suivante : à Copenhague, tous les électeurs réunis nomment des électeurs du second degré, à raison de 1 par 120; un nombre égal d'électeurs du second degré est nommé par les citoyens qui l'année précédente ont eu un revenu imposable d'au moins 2,000 rixdalers; puis ces deux catégories d'électeurs du second degré procèdent en commun à l'élection des membres du Landsthing pour Copenhague. Dans les villes, les électeurs du second degré sont

(1) Voir la constitution norwégienne, art. 49, 74.

élus moitié par tous les électeurs du premier degré, moitié par ceux d'entre eux qui, l'année précédente, ont eu un revenu imposable d'au moins 1,000 rixdalers, ou qui ont payé à l'Etat et à la commune 75 rixdalers d'impôts au minimum. Enfin, dans les campagnes, tous les électeurs réunis nomment un électeur du second degré dans chaque commune rurale, et les habitants qui, l'année précédente, ont payé tant à l'Etat qu'à la commune les impôts les plus élevés, leur sont adjoints en nombre égal pour nommer les membres du Landsthing. On découvre facilement combien ce système est favorable à la partie la plus riche, et par suite la plus éclairée de la population; car il aboutit à lui abandonner le choix de la moitié des électeurs du second degré, tout en lui permettant de prendre part aux choix de l'autre moitié des électeurs pour le Landsthing. Cinquante-quatre membres de cette Assemblée sont élus de cette façon. A côté d'eux siégent douze membres nommés à vie par le roi, qui doit les prendre parmi les citoyens qui ont fait partie des Assemblées représentatives du royaume : cette prérogative a été accordée au souverain, non-seulement afin que ses idées personnelles aient des défenseurs dans la première Chambre du pays, mais aussi afin que des hommes éminents qu'auraient abandonnés la faveur populaire ne soient pas exclus des Chambres. — De même que le Landsthing diffère de la seconde Chambre, ou Folkething, par son mode de recrutement, de même il en diffère par son mode de renouvellement et par la durée du mandat de ses membres. Ainsi le Folkething est élu pour trois ans et est renouvelé intégralement; le Landsthing au contraire est élu pour huit années, et il se renouvelle par moitié tous les quatre ans. Mais les membres des deux Chambres peuvent être tous nommés au même âge, soit à vingt-cinq ans, et ils touchent pendant les sessions la même indemnité législative (1).

La Constitution que les Espagnols se sont donnée après la révolution du mois de septembre 1868 a rendu le Sénat électif. Auparavant le Sénat comprenait des membres nommés à vie par la reine sans limitation de nombre ; les sénateurs devaient toutefois être choisis parmi certaines catégories de hauts fonctionnaires et de grands propriétaires (Constitution du 23 mai 1845 et décret du 15 septembre 1856). Aux termes de l'acte constitutionnel du 6 juin 1869 (2), le Sénat est renouvelé par quart tous les trois ans, au lieu que le renouvellement de la seconde chambre, appelée Congrès, doit être intégral au bout de la même période de trois années. Les sénateurs sont élus par provinces. A cet effet, chaque district municipal élit au suffrage universel un nombre de commissaires égal au sixième des membres de son conseil communal. Les commissaires ainsi élus se réunissent à la députation provinciale, et constituent avec les membres de cette assemblée la junte électorale de chaque province. Chacune de ces juntes élit à la majorité absolue quatre sénateurs. Pour devenir sénateur, il faut avoir atteint l'âge de quarante ans et satisfaire à une des conditions suivantes : être ou avoir été président du Congrès ; trois fois élu député aux Cortès législatives ou une fois aux Cortès constituantes ; ministre de la couronne ; président du conseil d'Etat, des tribunaux d'appel, du conseil suprême de la guerre ou du tribunal supérieur des finances ; capitaine ou lieutenant-général ; amiral ou vice-amiral ; ambassa-

(1) Voir la constitution danoise, art. 29-40.
(2) Voir les art. 38, 39, 60, 62, 63.

deur; conseiller d'Etat; magistrat dans les tribunaux d'appel, membre du conseil de la guerre ou de l'amirauté, conseiller au tribunal des finances, ou ministre plénipotentiaire pendant deux ans ; archevêque ou évêque : recteur de l'Université : président ou directeur d'une des académies nationales ; inspecteur général du corps des ingénieurs civils ; quatre fois membre d'une députation provinciale ; deux fois alcade (maire) dans des villes de plus de trente mille âmes; ou bien compter parmi les cinquante plus imposés à la contribution foncière ou parmi les vingt plus imposés à la patente dans une province. Les Espagnols ont donc pensé, en 1869, d'une part qu'ils ne pouvaient opposer au Congrès élu directement par le suffrage universel, qu'un Sénat procédant lui-même de ce suffrage ; d'autre part, qu'en le faisant nommer par une élection de second degré, et en s'arrangeant pour que les membres du Sénat fussent tous des hommes d'expérience, cela suffisait pour que le Sénat fût animé d'un autre esprit que le Congrès. En voyant l'anarchie dont ils continuent à être les victimes, il est certain qu'on est d'abord tenté de ne rien imiter de ce qu'ils ont fait; cependant on ne saurait nier que l'insuccès de la constitution de 1869, tient à de bien autres causes que l'organisation par elle donnée aux deux chambres. Sans vouloir défendre cette organisation, il nous semble qu'elle est l'application d'un système qui a une réelle valeur.

La Roumanie a adopté en 1866 une constitution très-libérale, laquelle établit deux chambres électives, l'assemblée des députés et le Sénat. Les députés sont élus par district, et dans chaque district existent quatre colléges dans lesquels sont classés tous les citoyens, suivant l'importance de leurs revenus et de leurs contributions.

Pour la nomination des sénateurs, il n'y a dans chaque district que deux colléges, dont le premier comprend les propriétaires de fonds de terre et le second les propriétaires de maisons et de bâtiments, qui jouissent d'un revenu foncier d'au moins trois cents ducats. Ces deux colléges votent séparément et élisent chacun un représentant au Sénat. En outre, les universités de Jassy et de Bucharest envoient chacune au Sénat un membre choisi par les professeurs. D'un autre côté, les métropolitains et évêques diocésains sont de droit sénateurs, et l'héritier du trône a entrée au Sénat, à l'âge de 18 ans, mais il n'a voix délibérative qu'à 25 ans. — Pour être élu sénateur, il faut être âgé d'au moins 40 ans et jouir d'un revenu annuel quelconque de huit cents ducats ; sont toutefois dispensés de ce cens les anciens ministres et agents diplomatiques du pays, les généraux, les députés qui ont fait partie de trois législatures, et quelques autres catégories de personnes. — Les membres du Sénat ne reçoivent ni traitement ni indemnité ; ils sont élus pour huit ans et se renouvellent par moitié. Les députés sont au contraires renouvelés intégralement tous les quatre ans, et il leur suffit d'avoir 25 ans et de payer une contribution quelconque. — Il y a, en Roumanie, 76 sénateurs et 157 députés.

République fédérative, la Suisse a dû organiser le pouvoir législatif d'une façon appropriée à son état politique. Elle a adopté la dualité des chambres ; mais le Conseil des États, qui joue le rôle d'un Sénat, a été constitué moins peut-être pour contrôler les résolutions du Conseil national, assemblée des représentants du peuple suisse,

(1) Voir la constitution roumaine, art. 58, 66, 68-75.

que pour assurer à chaque canton son indépendance, sa part légitime d'influence. Le Conseil national est en effet composé de députés nommés à raison de la population ; les cantons les plus peuplés parviennent donc facilement à y dominer. Si on avait admis la même base pour l'élection au Conseil des États, les petits cantons n'auraient eu qu'une représentation insuffisante au sein de la Confédération ; ils auraient été trop souvent exposés à subir la loi des grands cantons. La constitution déclare, pour obvier à ce danger, que le Conseil des États se compose de 44 députés des cantons, élus à raison de 2 députés par canton. Grâce à cette combinaison , l'égalité est, autant qu'il est juste, rétablie entre les grands et les petits cantons. Les députés au Conseil des États sont élus conformément aux dispositions des différentes constitutions cantonales ; c'est en général le Grand-Conseil de chaque canton qui les nomme, pour une durée de trois ans, tandis que les députés au Conseil national sont élus pour trois années par le peuple suisse. Ainsi que le veulent les idées démocratiques, les uns et les autres sont rétribués ; mais les députés au Conseil national sont indemnisés par la caisse fédérale, et les membres du Conseil des États reçoivent une indemnité de leurs cantons respectifs (1).

Que si d'Europe nous passons en Amérique, nous trouvons dans les États-Unis l'exemple le plus saillant des avantages que présente l'existence de deux chambres électives. Personne n'ignore en effet que les deux assemblées législatives de l'Union américaine émanent l'une directement, l'autre indirectement du suffrage universel ; et chacun sait que la prospérité, la grandeur, les mer-

(1) Voir la constitution fédérale, art. 69, 64, 65, 68, 69, 72.

veilleux développements des États-Unis sont dus en grande partie à l'heureuse division du pouvoir législatif en deux branches, à la féconde émulation qui existe entre elles en vue du bien général et de la liberté commune.

Mais ce que l'on ignore généralement, c'est que les États de l'Amérique du Nord n'ont pas adopté dès l'origine le système de la dualité des chambres, qu'ils ont d'abord été soumis au régime d'une assemblée unique, que sous ce régime leur jeune république a failli périr dans l'anarchie, que son indépendance même était menacée, et qu'il a fallu tout le patriotisme, la haute intelligence et l'immense ascendant des Washington, des Franklin, des Madison, des Morris, des Hamilton, pour donner à la puissance législative fédérale une meilleure organisation.

La lutte des colonies anglaises révoltées contre la Grande Bretagne n'était pas encore achevée, qu'elles signèrent à Philadelphie, le 9 juillet 1778, un acte d'union perpétuelle, dont un des principaux défauts fut de remettre entre les mains du Congrès, réunion de tous les délégués des États, l'ensemble des pouvoirs fédéraux. Aucun État ne devait être représenté au Congrès par moins de deux, ni par plus de sept membres ; ceux-ci devaient s'entendre pour voter, et les questions, de quelque nature qu'elles fussent, ne pouvaient être tranchées que par la majorité des suffrages des États. Le Congrès était chargé de pourvoir lui-même à l'exécution de ses résolutions ; mais on lui avait refusé les moyens efficaces de contraindre les États particuliers à obéir à ses ordres. Tant que dura la guerre, le sentiment du danger commun inspira au Congrès une certaine prudence, et finit toujours par déjouer les manœuvres coupables, par apaiser les mesquines jalousies. Mais, aussitôt que l'indépendance des États-Unis eut été définitivement reconnue, grâce aux secours des armées et des flottes françaises, à l'inhabilité des généraux anglais et aux talents politiques et militaires de Washington, aussitôt qu'une paix générale eut été signée entre les belligérants en 1783, des rivalités ardentes éclatèrent dans le Congrès. Les Etats se divisèrent ; la populace se souleva dans plusieurs, aux cris de : « plus de dettes, plus de taxes, et le partage égal des biens! »; l'Union américaine perdit toute considération en Europe, en ne faisant pas face aux engagements qu'elle avait contractés quelques années auparavant ; le commerce dépérit, les fluctuations du papier monnaie alimentèrent une spéculation éhontée, et l'Angleterre se préparait à rentrer en possession de ses anciens domaines. Les fondateurs de l'indépendance de l'Amérique ne purent, au milieu de ces circonstances, se garantir d'un profond découragement ; ils se prirent à douter que la forme républicaine convînt à leurs concitoyens. « Je sens bien, s'écriait Hamilton en 1787, qu'il serait insensé de proposer aujourd'hui, une autre forme de gouvernement que la république. Mais je n'hésite point à déclarer que le gouvernement anglais est le meilleur de tous, et je doute fort que rien, en dehors de cette constitution, puisse réussir en Amérique. » Washington écrivait de son côté à un de ses amis : « En formant notre confédération, nous avons eu probablement trop bonne opinion de la nature humaine..... Du point élevé où nous étions parvenus, être tombés si bas, quelle mortification (1)! »

Heureusement l'excès même du mal ouvrit les yeux

____

(1) Voir sur tous ces points l'histoire de Washington, par M. Cornélis de Witt, spécialement les chapitres 10 à 13.

sur ses causes et sur les moyens d'y mettre un terme, non-seulement aux bons citoyens, mais aussi aux masses populaires. Une convention nationale se réunit le 14 mai 1787 à Philadelphie, avec mission de réformer le gouvernement fédéral. Elle était peu nombreuse ; elle ne comptait que cinquante-cinq membres. Mais ces hommes étaient animés du plus pur patriotisme, ils avaient longuement médité sur les vices de la constitution de 1778, et leur président, George Washington, excellait à concilier les prétentions les plus contraires. Pendant quatre mois la convention de Philadelphie discuta à huis clos les réformes à introduire dans l'œuvre de 1778, et le 17 septembre elle adopta enfin la constitution qui régit encore aujourd'hui la Confédération américaine.

En vertu de cette constitution, le Congrès des États-Unis se compose d'un Sénat et d'une Chambre des représentants. Les membres de la Chambre des représentants sont choisis tous les deux ans par le peuple des divers États, proportionnellement à la population de chacun d'eux. Les grands États, les plus riches et les plus peuplés, sont donc assurés d'une influence prépondérante dans la seconde Chambre du Congrès. Le Sénat, au contraire, est composé de deux sénateurs pour chaque État, quelle que soit l'importance de cet État ; l'équilibre se trouve ainsi rétabli suffisamment entre les grands et les petits États. Les sénateurs sont choisis pour six ans par la législature de chaque État, et ils ont individuellement le droit de vote. Ils sont renouvelés par tiers tous les deux ans. On peut être nommé représentant à l'âge de vingt-cinq ans, mais il faut avoir atteint trente ans pour devenir sénateur. Les sénateurs et les députés reçoivent la même indemnité législative; elle leur est payée par la caisse fédérale, et atteint 7.500 dollars par an : l'élévation de ce

chiffre tient à l'excessive cherté de la vie en Amérique,
surtout à Washington. Remarquons, pour finir, que le
Sénat est à peu près trois fois moins nombreux que la
Chambre des représentants; il ne compte en effet que
74 membres, tandis que l'autre assemblée en compte
283 (1).

A l'exemple de ce qui a été décidé pour l'Union en
1787, les constitutions des trente-sept Etats dont elle se
compose ont admis le principe de la dualité des Chambres. Toutes confient le pouvoir législatif à deux Assemblée, un Sénat et une Chambre des représentants. Les
sénateurs et les représentants sont soumis presque partout aux mêmes conditions d'éligibilité; ils sont élus de
la même manière et par les mêmes électeurs; ils touchent
les uns et les autres une indemnité législative de 350
dollars par session. Il n'existe entre eux que trois différences. D'abord le nombre des sénateurs est dans tous
les Etats moins considérable que celui des représentants;
il varie entre la moitié et le quart du chiffre de ces derniers, et est habituellement du tiers. En second lieu, la
durée du mandat des sénateurs est d'ordinaire plus
longue que celle du mandat des représentants; ainsi il
n'y a que treize constitutions sur trente-cinq (1), qui
fassent élire pour le même laps de temps les sénateurs
et les représentants. Quant à la durée elle-même du mandat sénatorial, elle est très-variable : une année dans
neuf Etats, deux ans dans huit Etats, trois ans dans
deux Etats et quatre ans dans seize autres. Enfin, pendant que la Chambre des représentants se renouvelle

(1) Voir la constitution fédérale, article 1er, sections 1, 2, 3, 6.
(2) Deux constitutions, celles de la Virginie et de Nevada, nous
sont inconnues.

partout en entier, il y a quinze Etats qui admettent le renouvellement partiel du sénat et vingt qui le prescrivent intégral. Sur les quinze Etats à renouvellement partiel, il y en a onze dans lesquels le sénat est renouvelé par moitié tous les deux ans, un dans lequel il est renouvelé par moitié chaque année, deux autres où il est réélu par tiers tous les ans et un dernier, celui de New-York, où il se renouvelle par quart chaque année (1).

« Par la division du corps législatif en deux branches, les Américains n'ont donc pas voulu créer une Assemblée héréditaire et une autre élective, ils n'ont pas prétendu faire de l'une un corps aristocratique, et de l'autre un représentant de la démocratie ; leur but n'a point été, non plus, de donner dans la première un appui au pouvoir, en laissant à la seconde les intérêts et les passions du peuple. Diviser la force législative, ralentir ainsi le mouvement des assemblées politiques, et créer un tribunal d'appel pour la révision des lois, tels sont les seuls avantages qui résultent de la constitution actuelle des deux Chambres aux Etats-Unis. Le temps et l'expérience ont fait connaître aux Américains que, réduite à ces avantages, la division des pouvoirs législatifs est encore une nécessité de premier ordre. Seule, parmi toutes les Républiques unies, la Pensylvanie avait d'abord essayé d'établir une Assemblée unique. Franklin, lui-même, entraîné par les conséquences logiques du dogme de la souveraineté du peuple, avait concouru à cette mesure. On fut bientôt obligé de changer de loi et de constituer les deux Chambres. Le principe de la division du pouvoir législatif reçut ainsi sa dernière consécration (1). »

(1) Ces renseignements sont tirés d'une étude de M. Hérold, lue à la société de législation comparée (bull. janv. 1872).

(2) Voir Tocqueville, de la démocratie en Amérique, t. I, p. 138.

Assurément les républicains Français, qui prétendent à l'heure actuelle que la dualité des Chambres est une institution monarchique incompatible avec la république, feront bien de méditer l'exemple des Etats-Unis. Après avoir expérimenté le système d'une Assemblée unique, ils ont été forcés de l'abandonner, et depuis quatre-vingts ans, non-seulement l'Union mais encore chacune des républiques dont elle se compose, se développent et prospèrent sous le gouvernement d'un Congrès formé de deux sections indépendantes. De leur côté les monarchistes devront se demander sérieusement, si le mode de recrutement appliqué par les Américains au Sénat comme à la Chambre des représentants, n'est pas le seul qui convienne à une grande nation démocratique, dans laquelle le suffrage universel est appelé à former la seconde Chambre.

Pour terminer notre examen des constitutions qui ont divisé le pouvoir législatif entre deux Assemblées, il ne nous reste plus qu'à indiquer sommairement que les grandes Colonies Anglaises, à l'exception des Indes qui sont plutôt une possession qu'une colonie, ont un Parlement composé de deux Chambres. Dans toutes, la seconde Chambre est élective; la seule différence entre elles sous ce rapport, c'est que la classe électorale n'est pas partout la même, et que dans certaines colonies elle est plus étendue que dans d'autres. Quant à la première Chambre, ses membres sont nommés à vie par les gouverneurs au Canada, à la Jamaïque, dans la Nouvelle-Galles du Sud (Sydney), dans la Nouvelle-Zélande. Ils sont au contraire élus par les citoyens à Terre-Neuve, au Cap, à Victoria (Melbourne), en Tasmanie. Dans ces dernières colonies, comme dans tous les pays où la première Chambre est élective, ils sont moins nombreux et ont un mandat d'une durée plus longue que les membres de la seconde Chambre; en outre ils ne se renouvellent que partiellement. C'est ainsi qu'au Cap de Bonne-Espérance, la Chambre haute, ou « Council », comprend deux fois moins de membres que la Chambre basse, ou « Assembly »; qu'elle est élue pour dix ans et qu'elle est soumise par moitié au renouvellement quinquennal, tandis que le renouvellement de la seconde Chambre se fait en entier tous les cinq ans. De même à Victoria, le Council est moitié moins nombreux que l'Assembly, et il se renouvelle par cinquième tous les deux ans, au lieu de subir comme l'Assembly un renouvellement intégral au bout de cinq années. Ajoutons que les membres de la Chambre haute sont élus par certaines catégories seulement d'électeurs; ainsi à Victoria le Council est nommé par les citoyens qui sont possesseurs de vingt-cinq mille francs en propriétés foncières ou valeurs mobilières, ou bien qui jouissent d'un revenu de deux mille cinq cents francs en rentes, salaires ou traitements; au contraire le suffrage universel est appelé à nommer l'Assembly.

En Tasmanie, la seconde Chambre est à la nomination d'électeurs censitaires: néanmoins parmi ces électeurs, il n'y a que les plus imposés qui concourent à l'élection de la première Chambre.

En résumé, voici ce qui ressort de l'exposé qu'on vient de lire:

1° La première Chambre est élue par les mêmes électeurs qui nomment la seconde Chambre, en Belgique et dans les différentes Républiques de l'Union Américaine. Elle est élue par le suffrage à deux degrés, combinée d'ailleurs d'une façon tout opposée, en Espagne et en Danemarck. Elle est élue par les conseils provinciaux, en Hollande et en Suède; par les assemblées cantonales, en Suisse; et par les législatures de chaque État, aux États-Unis. Enfin elle est élue par les électeurs les plus riches et les plus imposés, en Roumanie et dans celles des colonies Anglaises où les deux Chambres sont électives.

2° Pour être éligible à la première chambre, il faut satisfaire à des conditions de cens plus rigoureuses que pour devenir membre de la seconde chambre en Belgique, en Hollande, en Suède, en Roumanie, dans les colonies anglaises; au contraire les mêmes électeurs sont éligibles aux deux chambres en Danemarck, en Suisse, aux États-Unis.

3° En Espagne, les membres du Sénat doivent être pris parmi certaines catégories de citoyens, parmi des hommes déjà parvenus à une haute situation politique, administrative ou autre.

4° On n'a pas exigé, en Hollande et en Danemarck, un âge plus élevé des membres de la première chambre que ceux de la seconde; mais on a jugé bon de le faire en Belgique, en Suède, en Espagne, en Roumanie et aux États-Unis.

5° Partout la première chambre est moins nombreuse que la seconde; ses membres sont, par rapport aux membres de celle-ci, dans la proportion du tiers aux États-Unis, en Suisse, dans la plupart des républiques de l'Union américaine, dans certaines colonies anglaises; dans la proportion de moitié en Belgique, en Hollande, en Roumanie et dans les autres colonies anglaises; dans la proportion des deux-tiers, en Suède et en Danemarck.

6° La durée du mandat législatif est dans tous les pays, excepté en Suisse et dans treize des États de l'Union, plus longue pour les membres de la première

chambre que pour ceux de la seconde. Ainsi la durée
du mandat des sénateurs est quadruple, en Espagne et
dans l'Etat de New-York, de celle du mandat des députés; elle est triple en Suède, aux Etats-Unis et dans deux
des républiques de l'Union; elle est plus que double en
Hollande et en Danemarck; elle est double en Belgique,
en Roumanie, dans vingt-deux des républiques de
l'Union et dans les Colonies anglaises.

7° Le renouvellement partiel de la première chambre
est une règle presque absolue, à laquelle la Suisse et
vingt des Etats de l'Union font seuls exception. Ainsi la
première chambre se renouvelle par cinquième tous les
deux ans dans la colonie de Victoria; par quart chaque
année dans l'Etat de New-York, et par quart tous les
trois ans en Espagne; par tiers chaque année dans les
Etats de Pensylvanie et de New-Jersey; par tiers tous
les deux ans aux Etats-Unis; par tiers tous les trois ans
en Hollande et en Suède; par moitié tous les ans ou tous
les deux ans dans douze des républiques de l'Union; par
moitié tous les quatre ans en Belgique, en Danemarck,
en Roumanie, et par moitié tous les cinq ans dans plusieurs colonies anglaises. A ce propos, on remarquera
que, sauf en Hollande où la première chambre est élue
pour neuf ans, tandis que la seconde chambre n'est
nommée que pour quatre ans, et sauf en Danemarck où
le Landsthing est élu pour huit années, tandis que le
Folkething n'est nommé que pour trois ans, partout ailleurs les époques de renouvellement partiel de la première chambre coïncident avec les époques de renouvellement intégral de la seconde chambre.

8° Enfin, si les membres de la première chambre sont
privés de toute indemnité législative en Belgique, en

Suède, en Roumanie, ils en touchent une en Hollande, en Danemarck, en Suisse et aux Etats-Unis.

Quant aux attributions que les différentes constitutions confèrent aux deux chambres dans tous ces pays, nous ne ferons que les indiquer succintement.

La première et la seconde chambre ont l'une aussi bien que l'autre les droits d'initiative, d'amendement, d'enquête, d'interpellation et le droit de recevoir des pétitions, en Belgique, en Suède, en Danemarck, en Roumanie, en Espagne, en Suisse et aux Etats-Unis. La Norwége et la Hollande sont les seuls Etats dans lesquels le droit d'initiative soit refusé à la première chambre. En outre leurs Constitutions exigent que tous les projets de lois émanant du gouvernement soient d'abord soumis à la seconde chambre. Au contraire le gouvernement est libre partout ailleurs de porter ses projets devant l'autre. Il n'y a que les budgets, ainsi que les lois relatives aux recettes et aux dépenses publiques, qui doivent d'abord être votés par la chambre des représentants. C'est encore devant cette assemblée qu'en Belgique, en Espagne et en Roumanie, est déposée la loi annuelle du contingent avant d'être envoyée au Sénat.

Aucune loi ne peut être promulguée tant qu'elle n'a pas été acceptée par la majorité des deux chambres ; toutefois, en cas de désaccord entre elles au sujet des lois de finances, c'est l'avis de la seconde chambre qui prévaut. Cette règle ne souffre exception qu'en Suède, où, pour savoir quelle opinion a eue la majorité, on fait le calcul des voix que les diverses opinions ont recueillies en somme dans l'une et l'autre chambre.

Le droit de sanctionner les lois et de s'opposer à leur promulgation est entier entre les mains du souverain dans les Etats monarchiques, sauf en Norwége où les projets adoptés par les deux sections du Storthing dans trois sessions successives acquièrent force de loi, même sans l'approbation royale. En Suisse, le Président de la Confédération et le Conseil fédéral auxquels est attribué le pouvoir exécutif, ne peuvent apporter aucun obstacle à l'exécution immédiate des lois et décrets rendus par l'Assemblée fédérale. Au contraire, le Président des Etats-Unis a le droit de renvoyer un bill à une nouvelle délibération; mais ce bill devient loi définitivement, si une majorité des deux-tiers des voix se prononce en sa faveur dans le Sénat et dans la Chambre des représentants : le droit de *veto* du président n'est donc pas absolu

Aux Etats-Unis et en Suisse la responsabilité ministérielle n'existe pas. Le Président choisit ses ministres comme il l'entend dans l'Union américaine, et il est seul responsable devant le Congrès; il peut être mis en accusation par la Chambre des représentants pour trahison, dilapidation et autres crimes, et en ce cas il appartient au Sénat de le juger. Au contraire le souverain est inviolable et s es ministres sont responsables en Belgique, aux Pays-Bas, en Danemarck, en Suède, en Norwège, en Espagne et en Roumanie. Mais tandis que la seconde chambre a le pouvoir de les décréter à elle seule d'accusation en Belgique, en Hollande, en Norwège, en Espagne, ils ne peuvent être poursuivis que du consentement des deux chambres en Danemarck, en Suède et en Rouma nie. En outre la mission de juger les ministres est confiée à la Haute-Cour ou à la Cour de cassation en Belgique, aux Pays-Bas, en Suède, en Danemarck, en Roumanie, et il n'y a que la Norwège et l'Espagne où la première chambre soit investie de cette mission.

Enfin, en ce qui concerne le droit du pouvoir exécutif

de dissoudre les chambres, le Conseil fédéral suisse et le Président des Etats-Unis ne possèdent pas le droit de dissolution. Le Président des Etats-Unis ne peut qu'ajourner le congrès à une date qu'il fixe lui-même, en cas de désaccord, entre les sénateurs et les représentants, sur la durée de leur ajournement. Il n'en est pas de même dans les autres Etats : le souverain y jouit du droit d'ajourner les chambres et de les dissoudre toutes deux à la fois, ou de ne prononcer la dissolution que de l'une d'elles. Seulement le décret de dissolution doit contenir convocation des électeurs dans les quarante jours et des chambres dans les deux mois, aux Pays-Bas, en Danemarck et en Belgique ; des électeurs dans les deux mois et des chambres dans les trois mois, en Roumanie, en Suède et en Espagne. Le droit d'ajournement, qui appartient au prince, n'est pas non plus illimité ; ainsi en Belgique, il ne peut s'exercer que dans la limite d'un mois, en Danemarck et en Roumanie que pour un terme de deux mois, en Espagne qu'une fois par session (1).

(1) Voir sur tous ces points les constitutions: belge, art. 27, 40, 42, 43, 63, 71, 72, 90; hollandaise, 53, 69, 70. 107, 111, 112, 120, 159; danoise, 12, 14, 21, 22, 44, 46, 48. 62; suédoise, 3, 37-42, 57. 58, 59, 62, 63, 65, 106, 107, et loi 22 juin 1866, art. 3, 5; norwégienne, 5, 76, 79, 86; espagnole, 42, 46, 49, 50, 53 55, 67. 77, 89; roumaine, 32, 33, 48-50, 92, 95, 101; suisse, 78, 81, 90; américaine, art. 1er, sect. 3, 7; art. 2, sect. 1, 2. 3.

TABLE ANALYTIQUE

III.

IV.

V.

VI.

VII.

VIII.

DEUXIÈME PARTIE.

I.

II.

www.ingramcontent.com/pod-product-compliance
Ingram Content Group UK Ltd.
Pitfield, Milton Keynes, MK11 3LW, UK
UKHW021729090726
13657UKWH00002B/588